Edith-Maria Soremba

# Legasthenie muß kein Schicksal sein

W0191153

# HERDER / SPEKTRUM

Band 4350

**Das Buch**

Alle Kinder freuen sich auf die Schule. Doch für viele wird die Schule zur Quelle unendlicher Frustrationen: für Kinder mit Lese- und Rechtschreibschwäche. Da ist es oft nur ein geringer Trost, wenn ihre anderen Fähigkeiten gut sind. Das Selbstwertgefühl ist erheblich gestört, und die Kinder werden oftmals zu Schulversagern und -verweigerern. Viele Eltern müssen die traurige Erfahrung sammeln, daß ständiges Üben und „Einpauken" für ihre Kinder und für sie selbst zur Qual wird. Edith-Maria Soremba hat eine Vielzahl von Kindern mit dieser verbreiteten Schwäche wieder aufgerichtet und ihnen auf ihrem schulischen Weg weitergeholfen, einigen bis zum Abitur. Die Erfahrung der Autorin: Zunächst ist es wichtig, das angeschlagene Selbstvertrauen wieder aufzubauen, um dann mit dem Kind an seinem bestimmten Problem zu arbeiten. Denn oft treten ganz unterschiedliche „Teilleistungsstörungen" zusammen auf. Sie beschreibt Lösungswege und gibt Informationen, was zu tun ist: Oft sind es einfache Seh- oder Hörfehler, die das Kind zur Verzweiflung bringen. Oft ist die Reizverarbeitung gestört, so daß „Lernen mit allen Sinnen" die Erfolgserlebnisse vermittelt. Eltern und auch Lehrer erhalten so ganz praktische Hinweise, was sie konkret tun können, damit aus einem traurigen und „erfolglosen" Kind ein fröhliches und selbstbewußtes „erfolgreiches" Kind wird.

**Die Autorin**

Edith-Maria Soremba ist Legasthenie-Therapeutin, Lehrerin in Ruhe und setzt sich seit 1967 engagiert in Schule, Öffentlichkeit und Verbandsarbeit für die Belange der von Lese-Rechtschreibschwäche Betroffenen ein. – Sie ist jetzt Ehrenvorsitzende des niedersächsischen Landesverbands Legasthenie und Landesbeauftragte für interdisziplinäre Zusammenarbeit. Sie lebt in Vechta.

Edith-Maria Soremba

# Legasthenie muß kein Schicksal sein

Was Eltern tun können,
um ihren Kindern zu helfen

Herder

Freiburg · Basel · Wien

Originalausgabe

Alle Rechte vorbehalten – Printed in Germany
© Verlag Herder Freiburg im Breisgau 1995
Herstellung: Freiburger Graphische Betriebe 1995
Umschlaggestaltung: Joseph Pölzelbauer
Umschlagfoto: © Hartmut Schmidt
ISBN: 3-451-04350-5

# Inhaltsverzeichnis

# Vorwort

Was wäre die Wissenschaft ohne Praxis – die wissenschaftlichen Erkenntnisse ohne praktische Umsetzungsmöglichkeiten?

Wir Wissenschaftler haben das Phänomen Legasthenie noch lange nicht im Griff – und zugleich bemühen sich schon seit Jahren in Schule und Therapie engagierte Pädagogen, erfahrene Praktiker mit ihren Möglichkeiten den betroffenen Kindern, Jugendlichen und Erwachsenen zu helfen. Auch Frau Soremba gehört dazu!

Ich selbst – als Publizist zu dieser Problematik – bewundere schon seit langem ihren unermüdlichen und kämpferischen Einsatz für die Belange der von Lese-Rechtschreibschwäche Betroffenen.

In diesem Buch gibt Edith-Maria Soremba ihre Beobachtungen und langjährigen Erfahrungen preis.

Wir erleben sie beim Lesen ihres Buches nicht nur als Lehrerin, Therapeutin und in Verbandsarbeit, sondern auch als Ehefrau und Mutter – und erkennen letztlich als „Triebfeder" des Buches ihre Liebe zu allen Kindern.

Das Buch ist eine wahre Fundgrube für alle, die an der Lösung der LRS-Problematik oder im Einzelfall helfen wollen!

Professor Dr. med. Gerhard Jörgensen

# 1 Einleitung

**Wenn** Kinder Probleme haben beim Lesen und Schreiben, **dann** kann häufig eine unentdeckte Lese-Rechtschreibschwäche (Legasthenie) die Ursache sein.

**Dieses** Buch beschäftigt sich weniger mit Ursachen und **Hintergründen** dieser Problematik, sondern mehr mit praktischen Hilfsmöglichkeiten. Denn oftmals fühlen sich Eltern überfordert, wenn sie ohne fachgerechte Anleitung ihren lese-rechtschreibschwachen Kindern helfen wollen.

**Beispiele** aus Schule und Therapie zeigen, wie man das angeschlagene Selbstbewußtsein von Kindern aufbauen und ihnen Freude am Lernen vermitteln kann (Trappe 1989, Hackler 1992). In den verschiedenen Falldarstellungen werden die Teilleistungsschwächen der Betroffenen so anschaulich wie möglich dargestellt. Meist sind es mehrere Ausfälle, die zusammentreffen.

**Je** größer die Bündelung, desto schwerer das Ausmaß und der Grad einer Legasthenie.

**Die** Problematik dieser Kinder ist oftmals riesengroß, und sie brauchen Hilfe und Verständnis von allen Seiten. Diese Kinder stoßen Hilferufe aus – direkte und indirekte. Wir *müssen* diese Notschreie hören und erkennen.

**In** einer Anzahl von Fällen ist die Schule oftmals mit ihren Möglichkeiten zu helfen überfordert, so daß außerschulische Hilfe geboten ist.

**Zur** Überwindung von Lese-Rechtschreibproblemen ist das Vermitteln von Lesen und Schreiben eine grundlegende Hilfe. Von entscheidender Bedeutung ist dabei, daß Lehrkräfte oder Therapeuten jedes einzelne Kind in seiner persönlichen Betroffenheit annehmen und sich selbst mit einbringen.

Wenn es bei meinen Ausführungen zu einer Verflechtung von Schule, Familie, Verbandsarbeit und Therapie kam, war das bezeichnend und notwendig für meine Arbeit in allen Aufgabenbereichen meines Lebens. Persönliche Erlebnisse bringen die Probleme – und ihre Lösungen! – näher. Wie wäre es sonst zu verstehen, daß ich als Mutter von sechs Kindern – neben einer fast zwanzigjährigen Tätigkeit als Lehrerin – meine Kinder zu Hause und „meine" Kinder in der Schule nicht vernachlässigen mußte und wollte.

Meine eigenen Kinder haben sehr früh durch Gespräche im Familienkreis, durch Besuche in „meinen" Schulen, durch Kontakte mit „meinen" Schulkindern und durch Beobachtung meiner Arbeit als Lehrerin einen Einblick in die Pädagogik gewonnen.

Sie haben zwar nicht alle den Lehrerberuf gewählt, doch die gewonnenen pädagogischen Grundgedanken haben sie in ihrem Leben umgesetzt: Sie konnten Verständnis finden für Schwächen und Probleme von anderen.

Wahrscheinlich mußten sie in ihrer Kindheit lange auf ihre Mutter warten, wenn diese von ratsuchenden Eltern um Gespräche oder Telefonate gebeten wurde. Mit Sicherheit mußte mein Mann viele persönliche Opfer auf sich nehmen, wenn ich ihn – in meinem Engagement für die Sache – mit in die Hilfe für andere einbezog. Mit liebevollem Verständnis, Hilfsbereitschaft und Motivation beim Schreiben dieses Buches hat er mich auch auf meinem Weg als „Verfechterin der Sache" begleitet.

Zum kritischen Betrachten und für meine eigene Kontrolle wurde dieses Buch von Kollegen/Kolleginnen und anderen Personen meiner besonderen Wertschätzung gegengelesen.

Ich danke allen, die mich zum Schreiben dieses Buches ermuntert haben.

Ein besonderer Dank gilt an dieser Stelle meinem Mann. *Dieses Buch ist ihm gewidmet.*

# 2 Es gibt ganz unterschiedliche Begabungen – Das Konzept individueller Unterschiede

Es gab einmal eine Zeit, da hatten die Tiere eine Schule. Das Curriculum bestand aus Rennen, Klettern, Fliegen und Schwimmen, und alle Tiere wurden in allen Fächern unterrichtet.

Die Ente war gut im Schwimmen, besser sogar als der Lehrer. Im Fliegen war sie durchschnittlich, aber im Rennen war sie ein besonders hoffnungsloser Fall. Da sie in diesem Fach so schlechte Noten hatte, mußte sie nachsitzen und den Schwimmunterricht ausfallen lassen, um das Rennen zu üben. Das tat sie so lange, bis sie auch im Schwimmen nur noch durchschnittlich war. Durchschnittliche Noten waren aber akzeptabel, darum machte sich niemand Gedanken darum, außer: die Ente.

Der Adler wurde als Problemschüler angesehen und unnachgiebig und streng gemaßregelt, da er, obwohl er in der Kletterklasse alle anderen darin schlug, darauf bestand, seine eigene Methode anzuwenden.

Das Kaninchen war anfänglich im Laufen an der Spitze der Klasse, aber es bekam einen Nervenzusammenbruch und mußte von der Schule abgehen wegen des vielen Nachhilfeunterrichts im Schwimmen.

Das Eichhörnchen war Klassenbester im Klettern, aber sein Fluglehrer ließ ihn seine Flugstunden am Boden beginnen, anstatt vom Baumwipfel herunter. Es bekam Muskelkater durch Überanstrengung bei den Startübungen und immer mehr ‚Dreien‘ im Klettern und ‚Fünfen‘ im Rennen.

Die mit Sinn fürs Praktische begabten Präriehunde gaben ihre Jungen zum Dachs in die Lehre, als die Schulbehörde es ablehnte, Buddeln in das Curriculum aufzunehmen.

Am Ende des Jahres hielt ein anormaler Aal, der gut schwimmen und etwas rennen, klettern und fliegen konnte, als Schulbester die Schlußansprache.

(Originalquelle unbekannt)

# 3 Wenn Menschen nicht lesen können –
## Es ist nie zu spät zu lernen

## 1. Fallbeispiel: „Herr Doktor, behalten Sie lieber mein Baby ...!" – Lesen muß man jeden Tag

### Flucht aus der Isolation

Eine junge Frau muß ihr Neugeborenes schon nach einigen Wochen wegen schwerer Ernährungsstörung mit Dauererbrechen und Durchfall ins Krankenhaus einliefern. Das Baby wird an den Tropf gelegt, und mit erstaunlicher Schnelligkeit gesundet es. Als die Mutter ihr Kindchen besuchen will, möchte ihr der Chefarzt der Kinderabteilung erfreut das Kleine in die Arme legen: „Sie können es schon wieder mitnehmen, das Schlimmste haben wir geschafft. Die Restbehandlung können Sie zu Hause übernehmen. Ich gebe Ihnen eine Heilnahrung mit, die Sie allerdings nur in den genauen Abständen und richtig zubereitet Ihrem Liebling geben dürfen. Doch es steht ja alles genauestens in der Gebrauchsanweisung." Da fängt die junge Frau plötzlich heftig zu weinen an und drückt dem Arzt ihr Kind in seine Arme zurück: „Herr Doktor, bitte behalten Sie lieber mein Baby noch im Krankenhaus! Ich kann ihm zu Hause nicht weiterhelfen. Ich kann doch gar nicht lesen, auch nicht die Gebrauchsanweisung. Mein Mann kann mir auch nicht helfen. Er kommt erst am Wochenende nach Hause, denn er ist Kraftfahrer. Und die Nachbarn mag ich nicht bitten, daß sie es mir vorlesen sollen. Ich schäme mich so sehr."

Der Arzt war damals sehr erschüttert. Obwohl ich zu diesem Zeitpunkt mit ihm schon viele Fälle von LRS-Kindern bzw. deren Folgeschäden erfolgreich behandelt hatte, wollte er mir vor diesem Erlebnis doch nicht glauben, daß so viele Erwachsene weder lesen noch schreiben können.

Ob die junge Mutter das Lesen noch erlernt hat? In diesem Fall weiß ich es nicht, doch ich wünsche es ihr so sehr! Denn sie wird das Lesenkönnen für ihr Kind (und sich) immer und immer wieder brauchen. Sie wird nicht nur Beipackzettel von Kindernahrung, sondern auch von Medikamenten lesen müssen, um ihrem Kind helfen zu können. Sie wird „Informationen für Eltern" aus dem Kindergarten lesen müssen. Sie wird mit ihm Lesenüben wollen, wenn es in der Schule ist.

Und es tut so weh, wenn eine Mutter ihrem Kind beschämend eingestehen muß: „Ich möchte dir ja so gern helfen, aber ich kann ja selbst nicht lesen!"

Daß es das gibt, weiß ich aus dem Fall einer ähnlich betroffenen Mutter, die sich auch zuerst vor ihren Kindern ‚bloßstellen' mußte. Nun befindet sie sich in meiner Behandlung. Mit Freude, Begeisterung, Zielstrebigkeit und Zähigkeit erringt sie zunehmend mehr Erfolge – auch wenn es für sie manchmal sehr anstrengend ist. Sie leidet an einer Hörbeeinträchtigung. Ich bin überzeugt, sie wird die soziale Isolation durchbrechen.

Für einen neuen Lese-Lernstart ist es nie zu spät!

Dafür sollen nun einige Beispiele selbst für sich sprechen.


## 2. Fallbeispiel: „Bin ich wirklich ein Vollidiot?" – Wenn Wahrnehmungsausfälle nicht behandelt werden

### Eine Ehefrau erkundet Hilfswege

Im Anschluß an einen Vortragsabend bat mich eine Frau mit Tränen in den Augen um Hilfe für ihren Mann. „Ich habe doch so einen lieben Mann, auch wenn er nicht lesen und schreiben kann."

Als sie mir noch kurz erzählte, daß er einen Alphabetisierungskurs an einer Volkshochschule besuchte, ging ich davon aus, daß er zumindest die Anfänge des Lesens und Schreibens beherrschte und legte für eine förderdiagnostische Untersuchung entsprechendes Testmaterial für Schulkinder des 2. und 4. Schuljahres zurecht.

Doch schon bei der Funktionskontrolle gelang es Herrn B. (40 Jahre) nicht, Laute aus Silben herauszuhören oder Wörter in Silben zu zerlegen. In der Diagnostischen Bilderliste nach Dummer – Smoch (1988), einem Kontrollverfahren, das etwa am Ende des ersten Schuljahres einem Erstkläßler vorgelegt werden kann, war es ihm nicht möglich, auch nur ein einziges Wort oder auch nur einen Buchstaben neben das entsprechende Bild zu schreiben.

Nun versuchte ich es mit dem Diktieren von einzelnen Buchstaben, die er auf der Rückseite dieses Testblattes niederschreiben sollte. Ich konnte dabei in diesem Augenblick nicht feststellen, ob die richtigen Buchstaben mit ihren dazugehörigen Lauten niedergeschrieben wurden. Doch ich wollte ihn nicht noch mehr demütigen, wenn er z. B. selbst Fehler bemerkt hätte. Nun munterte ich ihn auf: „Schreiben Sie doch einfach aus Ihrer Erinnerung einige Wörter auf." Als erstes Wort kam „Oma". Es war nämlich die Person, die ihn in seiner Vergangenheit niemals wegen seiner Leseunfähigkeit ausgelacht hatte. Er schrieb „Oma" als „Ona". Dadurch erkannte ich einen Wahrnehmungstrennschärfefehler, indem er „n" mit „m" verwechselte. Danach versuchte er es mit dem Wörtchen „und", und er schrieb „dun". Damit bemerkte ich einen Wahrnehmungsrichtungsfehler. Er drehte nämlich die Reihenfolge der Buchstaben um. Diese Fehlerkategorien (Fehlerbezeichnungen) zeigten sich auch noch hartnäckig lange beim späteren neuen Leselernstart und verlangten von mir ständig neue Behandlungsüberlegungen.

Beim Aufschlagen einer Fibel konnte er nur einzelne Buchstaben entziffern, nicht aber Silben oder Wörter erlesen. Herr B. war also völlig unkundig im Lesen und Schreiben und mußte als Analphabet bezeichnet werden.

Im Gespräch versuchte ich, ihn aufzurichten. Es wurde an Mimik (Gesichtsausdruck), Gestik (Handbewegung), hängenden Schultern und tiefem Stöhnen deutlich, daß er schwer unter seinem Handicap (Beeinträchtigung) litt.

„Wenn es nur meine Kinder nie bemerken würden! Sie haben keine Probleme in der Schule. Meine Frau tarnt und schützt mich nach allen Seiten und erledigt sämtliche schriftlichen Arbeiten alleine." Seine Stimme wurde leiser, und sein Kopf sank immer tiefer. „Ich habe schon viele Arbeitsstellen wechseln müssen. Ich war nicht unzuverlässig, aber man hat mich ‚entlarvt'. Nun habe ich schon wieder eine Arbeit nur auf Probe gefunden. Die Maschine kann ich gut bedienen, aber hoffentlich muß ich keine Bedienungsanleitung lesen!"

Im Anamnesegespräch (Erkundungsgespräch) konnte sich der Betroffene an keine gesundheitlichen Beeinträchtigungen während seiner Kleinkindheit erinnern. Doch im 1. Schuljahr – besonders im Lesen und Schreiben – seien Schwierigkeiten aufgetreten. Vielleicht war darin auch die Ursache seines anschließenden allgemeinen Schulversagens zu suchen.

Im 2. Schuljahr wurde er, zusammen mit 50 bis 60 anderen Schülern, jeweils mit dem 3. und 4. Schuljahr gemeinsam unterrichtet. Die Leseschwachen saßen bald allein an einem „unbeachteten" Tisch. Vom Elternhaus wären ihm nie – direkt oder indirekt – Hilfen vermittelt worden. Gern und wehmütig erinnerte er sich dabei an seine Großmutter, die ihm sehr viel Liebe entgegengebracht und ihn nie wegen seiner Lernbeeinträchtigung beschimpft hätte. „Oma-Ona" war ja auch das erste Wort, das er aus dem Gedächtnis bei der Überprüfung niederschrieb.

So hatte er – nach ständigen Klassenwiederholungen – schließlich aus dem 4. Schuljahr entlassen, seine Schulpflichtzeit beendet. Er erinnerte sich schmerzlich an die Beschimpfung seines damaligen Klassenlehrers: „Du Vollidiot!"

Dieses Schimpfwort verfolgte ihn bis in den therapeutischen Unterricht hinein. So fragte er mich z. B. einmal bei einer Verabschiedung abends an der Haustür mit zweifelnder, zaghafter Stimme: „Aber der Lehrer hat doch gesagt, daß ich ein Vollidiot bin!" Ich sah ihn groß und fest an und fragte zurück: „Sind Sie ein Vollidiot? Überlegen Sie doch einmal, was

Sie allein *heute* und in den letzten Stunden alles geschafft haben." Er stutzte, dachte nach und atmete erleichtert auf. „Sie haben wirklich recht, Frau Soremba!"

Von da an ging es mit Riesenschritten vorwärts, nicht nur beim Lernen. Auch sein Gesamtbild veränderte sich zusehends: Seine Körperhaltung wurde straffer, seine Stimme kräftiger, er trat selbstbewußter auf und erzählte zwischendurch gern von Geschehnissen aus Familie oder Beruf. Als er auf seine Bekleidung zunehmend mehr Wert legte, sprach ich ihm auch dafür anerkennend Komplimente aus.

Durch seinen Fleiß, seine Ausdauer und Zähigkeit kam es zu einem Erfolgsanstieg, wie ich das bei der Schwere dieses Falles nie erwartet hätte.

Aber nicht nur das „Erlesen", sondern auch das „Erstschreiben" war im Anfang mühsam. Seine anfangs schwerfällige, klobige, ungelenke Handschrift mußte zu leserlichen Formen gebracht werden. Doch auch das gelang ihm mit wachsendem Erfolg.

In der Lerntherapie war ein Beginn von ganz „unten" notwendig, wobei das Differenzieren von „m" und „n" seine besondere Lernklippe war. Die „Spiegelkontrolle" leistete hier eine wirksame Hilfe. Dabei spricht man einen bestimmten Laut aus, z. B. „m" und beobachtet dabei selbst am Spiegelbild das Zusammenkneifen der Lippen.

Ich konnte ihm aus Zeitmangel nur *eine* therapeutische Stunde pro Woche anbieten. Doch seine Ehefrau wollte auch hier ihrem Mann wirksame Hilfe leisten. Ich wies sie in das Handzeichensystem ein und nannte ihr noch andere Möglichkeiten, bei denen sie *nichts* falsch machen konnte.

Wenn der Unterricht zu Ende war, telefonierte ich – während der Heimfahrt ihres Ehemannes – mit ihr, erzählte ihr von Erfolgen – und auch Rückschlägen – und besprach mit ihr die „Hausaufgabenüberwachung".

Zielstrebig, sauber und ordentlich verrichtete Herr B. jedesmal seine Hausaufgaben. So konnte ich ihn nach 80 therapeutischen Einzelstunden – verteilt auf zwei Jahre – als „Lesenden" entlassen. Er brauchte sich vor einer „Enttarnung" nicht mehr zu fürchten und konnte seine beruflichen Anforderungen nunmehr voll erfüllen.

„In Zukunft darf es bei Ihnen keinen Tag ohne Lesen geben!" Damit habe ich ihm eindringlich ans Herz gelegt, *jetzt* – nachdem der ‚Grund' gelegt war –, *ständig* weitere aufbauende Kurse bei der Volkshochschule oder anderen Bildungseinrichtungen zu belegen. Es galt auch weiterhin, noch viel Versäumtes nachzuholen.

„Lernen ist wie Rudern gegen den Strom; sobald man aufhört, treibt man zurück" (LAOTSE).

Im Fall des Herrn B. waren es viele Faktoren, die zusammentrafen und zu diesem Totalversagen geführt hatten: eine schwere Wahrnehmungsbeeinträchtigung, ein überforderter Lehrer in einer überfüllten Klasse, Hilflosigkeit von seiten des Elternhauses.

Doch eine verständnisvolle, einfühlsame Ehefrau hatte dem Betroffenen den Weg zur Therapie gebahnt und ihn auch dort auf seinem Lebens- Lernweg begleitet.


## 3. Fallbeispiel: Ein Lehrkoch kann nicht lesen? – Wie sich die Anfänge von Lesen und Schreiben entwickeln

### Ein Arzt vermittelt neuen Lesestart

Rezepte hörte er sich an und prägte sie sich mit fotografischer Genauigkeit ein. Seine Lehrlinge konnten lesen, er nicht. Das zu vertuschen, überstieg irgendwann seine Leistungsfähigkeit. Er verzweifelte und landete schließlich – nach mehreren Krankenhausaufenthalten – in einer stationären Psychiatrie. Er wurde gründlich untersucht, doch der Befund lautete: Organisch völlig gesund. Der behandelnde Arzt konsultierte (stellte fest), daß das Medikament, das dieser Patient benötigte – nämlich das Lesen – ärztlicherseits nicht verordnet werden konnte.

Ich sehe Herrn M. (48 Jahre) wie am ersten Tage vor mir sitzen: Ängste, Mißtrauen und leichte Hoffnung zeigten sich in seinem Gesicht.

Aber auch die stille Frage war zu erkennen: Wird „sie" mir endlich helfen können, oder werde ich erneut versagen?

Wie sich in dem anschließenden anamnetischen Gespräch herausstellte, hatte Herr M. bereits zwei erfolglose außerschulische Lernstarts hinter sich. Als er bei einem Volkshochschulkurs merkte, daß er nicht „mithalten" konnte, gab er auf. Erneute Verzweiflungsausbrüche, Versagensängste tauchten auf, ein Krankenhausaufenthalt folgte. Danach versuchte er mit privater Einzelstundenbezahlung bei einem Sonderschullehrer Hilfe zu bekommen. Doch als dieser seine beiden kleinen Buben, die das 1. und 2. Schuljahr besuchten, mit im Behandlungszimmer spielen ließ, und sie bei einigen seiner verunglückten Leseübungen kicherten, gab sich Herr B. als „hoffnungsloser Fall" auf.

Meine förderdiagnostische Untersuchung belegte: Analphabetismus im Stadium einer „Skelettphase".

Da der Begriff „Skelettphase" immer wieder in meinem Buch auftauchen wird, will ich diesen kurz erklären und zugleich eine Kurzbeschreibung zu einer entwicklungsstanddiagnostischen Untersuchung vornehmen. Ich nehme als Beispiel dazu gern das Wort „Mond" (Matheja 1994):

*I. Stufe* – „Skelettphase" (Vorschulphase), in der schon etwa vier bis fünfjährige Kinder neben die Abbildung des Mondes die Konsonanten (Mitlaute) „M", „Mn" oder auch „mT" schreiben (drucken) können. Sie erhören teils auch schon Vokale (Selbstlaute), bevorzugen aber Konsonanten (Mitlaute), deshalb spricht man auch von der Konsonantenphase.

*II. Stufe* – „Basale Schreibung" oder alphabetische Strategien, in der etwa sechs- bis achtjährige Kinder (Vorschulzeit, 1. bis 2. Klasse) neben das Mondbildchen schon das Wörtchen „Mont" oder „moNt" lautgetreu schreiben (drucken) können.

Diese Kinder haben es bereits erlernt, den Lautbestand eines Wortes in der richtigen Reihenfolge in Buchstabenzeichen umzusetzen. Sie können erlesen, beherrschen aber (erst) wenige Rechtschreibregeln.

*III. Stufe* – Rechtschreibung – Allesschreibung – Orthographie: Bis Klasse 4 (spätestens Klasse 6) – erwartet „man" (die Schule) diese Kenntnisse von den Schülern. Diese Leistungen können auch in der Regel von Kindern ohne Wahrnehmungsstörungen erbracht werden.

Wenn bei teilleistungsschwachen Kindern dagegen eine isolierte Lese-Rechtschreibschwäche (Legasthenie) vorliegt, dann schaffen sie es nicht (ohne spezielle Hilfen), in einer von der Schule vorgegebenen und erwarteten Zeit das Endziel in der Rechtschreibung – gemessen an der Klassennorm – zu erreichen.

Das Ziel des beschriebenen informellen Verfahrens, das auch bei Herrn M. angewandt wurde, bestand darin, eine Erhebung (Überprüfung) des Schreib – und Lernprozesses vorzunehmen, um Störfaktoren aufzudecken und anschließend gezielte individuelle Fördermaßnahmen einleiten zu können. Es sollte also praktisch festgestellt werden, was Herr M. schon konnte, bzw. was er noch nicht vermochte, um ihm richtig helfen zu können.

Dieser Überprüfte befand sich also in der oben skizzierten „Skelettphase". So schrieb er z. B. neben die Abbildung „Mund" den Konsonanten (Mitlaut) „M" und neben das Bildchen „Hund" auch nur *einen* Buchstaben, nämlich „H". Er war demnach völlig unkundig im Lesen und Schreiben.

Vor jeder Analphabetenbehandlung taucht die Frage bei mir auf: Werde ich auch diesem Betroffenen mit meinen Möglichkeiten helfen können?

„Erzählen Sie mir aus Ihrer Kindheit", versuchte ich ihn aus seiner Niedergeschlagenheit zu wecken. Da sprudelte es nur so aus ihm heraus:

Der Stiefvater, der ihn nahezu mit Haß, mit körperlicher Gewalt, aber noch viel schlimmer, mit seelischer Mißhandlung verfolgt hatte – und die Mutter, die zu schwach war, um ihrem Kinde zu helfen, um sich gegen ihren Ehemann aufzulehnen – wie hatte der Junge darunter gelitten! Immer wieder hielt der Stiefvater den Stiefsohn vom Schulbesuch zurück, als der Erstkläßler – der so gern zur Schule ging – mit seinem Schulranzen losgehen wollte. Im elterlichen Kleinlandwirtschaftsbetrieb mußte er schon sehr früh schwerste körperliche Arbeit leisten – und bekam oft Schläge. In der Schule gab es durch dieses Fehlen bald Stofflücken im Lesen und Schreiben (zum Glück nicht im Rechnen, dort konnte er immer wieder Versäumtes nachholen). Der Lehrer bemerkte dies zwar, wurde bei den Eltern auch vorstellig, ergriff aber keine behördlichen Schritte zugunsten des Kindes.

Wenn die Mutter krank war – und das war nicht selten der Fall –, mußte der Junge für die große Familie kochen. Doch dies tat er damals schon mit Liebe. Immer wieder versuchte er, diesem Elternhaus zu entkommen, und verdingte sich schließlich als Schiffsjunge auf einem Überseedampfer. Dort entdeckte der Schiffskoch sehr bald die Kreativität und Begabung des Jugendlichen für das Kochen und ließ ihn allmählich immer selbständiger handeln. Dabei lernte dieser Jungkoch bald die kompliziertesten Rezepte auswendig. Durch ein „fotografisches Gedächtnis" prägte er sie sich ein und fand später durch seine besondere Kochkunst stets erneut Beschäftigung.

So gut dies überhaupt dabei möglich war, versuchte er, sein Analphabetentum zu verheimlichen. Aber wenn er „entdeckt" und ausgelacht wurde, flüchtete er erneut, und dies fast bis in die Ausweglosigkeit. So war er also jahrelang auf der „Flucht vor seiner Problematik".

Auch hier galt es, Sinn, Zweck und Ziel meines „Basistrainings" (Grundtrainings) zu erklären. Ich beschrieb ihm, daß jeweils einem Buchstaben ein Laut durch ein Handzeichen zugeordnet werden mußte. Dieser Buchstabe sollte nun für immer durch eine bestimmte Handbewegung im Gedächtnis haften bleiben (Handzeichensystem). Daß ich dabei überwiegend mit einem Großgebärdensystem (Körpersprache) arbeitete, um dabei auch zugleich die verspannte Nackenmuskulatur mit aufzulockern, wurde auch von ihm sehr schnell als hilfreich erkannt (Bleidick 1972).

Herrn M. mußte ich aber auch von seiner Verbitterung gegen sein Elternhaus befreien. So erklärte ich ihm, daß sein Handicap wahrscheinlich nicht nur auf häusliche und schulische Hintergründe zurückzuführen sei. Selbst wenn diese Vorbelastungen nicht gewesen wären, hätte es trotzdem zu einer Erschwerung im Lesen und Schreiben kommen können, nämlich durch seine starke Wahrnehmungsbeeinträchtigung.

Es bereitete ihm viel Mühe, die Buchstabenfigürchen: z. B. „t" und „f" oder „r" und „n" zu unterscheiden. Unsicherheit tauchte in seinen Augen auf, wenn er „m" oder „n" oder „o" oder „u" nicht richtig heraushören konnte. Es gelang ihm zunehmend sicherer, das kleine „b" zu erfassen und vom kleinen „d" zu unterscheiden, wenn er verstärkt die Bewegungen des erhöhten Bauchumfangs (bei „b") andeutete.

Als er im Laufe der Sitzungen merkte, daß es „funktionierte", bewies er eine derartige Zielstrebigkeit, einen solch großen Fleiß und eine ungeheure Verbissenheit im Lernen, daß er *mich* damit beinahe überforderte, und ich ihn sogar bremsen mußte.

Doch auch bei ihm – nicht nur bei meinen Schulkindern – blieb ich bei seinen Leseübungen konsequent (vgl. „Tips zur Leseförderung – zum Lesenlernen mit Spaß").

Und allmählich verstand er den Sinn dieser so notwendigen Korrekturen. Er sollte die einzelnen Wörter der Wortreihen nicht nur mit Handzeichen erlesen, sondern jeweils die Bedeutung des Wortes mit einer anderen Bezeichnung erklären (Erweiterung des Wortschatzes), die passenden Artikel finden, allmählich Singular (Einzahl) und Pluralformen (Mehrzahl) bilden, die Haupt-Wortarten erkennen und sie farblich kennzeichnen. Langsam tauchten auch versandete Grammatikkenntnisse bei ihm auf, und auch auf diesem Gebiet wagte er sich behutsam, aber zielstrebig weiter.

Seine Schrift mußte ebenfalls korrigiert werden. Anfangs war sie klobig, unbeholfen, aber nach einigen Schwung- und Handlockerungsübungen nahm sie eine gefällige Form an. Nach etwa 50 Therapiestunden hatte er das einfache Lesen erlernt. Um zum sinnverstehenden Lesen zu gelangen, sollte er auch in Zukunft weiterüben.

Bei unserer Verabschiedung lautete mein Begleitmedikament: „Kein Tag ohne zu lesen! Erlerntes nicht wieder versacken lassen!"

Bei einem späteren Wiedersehen rief er begeistert aus: „Jetzt kann ich schon allein einen Scheck über 300 Mark ausstellen!" Ist dies für uns nicht einfach eine Selbstverständlichkeit? Aber so selbstverständlich ist das gar nicht für alle, wie dieses Beispiel zeigt.

Schwere Wahrnehmungsausfälle, zerrüttete Familienverhältnisse, häufige Schulversäumnisse und ein inkonsequenter Lehrer waren wahrscheinlich Hauptfaktoren dieses Totalversagens.

Durch eine entsprechende ärztliche Diagnose war diesem Betroffenen der Weg zu einem neuen Lese-Lernstart ermöglicht worden.

### 4. Fallbeispiel: Er „steht" zu seinem Problem – Selbstwertgefühl ist wichtig!

#### Ein Gesundheitsamt tritt in Aktion

Laute Musik und fröhliches Lachen klang aus einem Festzelt, das hinter einem hübschen Einfamilienhaus stand und von einer gepflegten Gartenanlage gesäumt wurde. Mit dem Schmuck der Hölzernen Hochzeit hatten zahlreiche Nachbarn, Freunde und Bekannte das Anwesen verziert.

Sie waren alle stolz auf „ihren" L., der so zu seinem Problem – daß er noch nicht lesen und schreiben konnte – stand und offen darüber sprach.

Die Nachbarn, Arbeitskollegen und der Chef bewunderten den Fleiß des Herrn L., seine Hilfsbereitschaft, sein Verantwortungsbewußtsein und seine auf den verschiedensten Gebieten anerkannte Vielseitigkeit. Die Hauptarbeiten zu seinem Haus – umgebaut aus einem Altbau – hatte er selbst verrichtet.

Auf Vorschlag eines Gesundheitsamtes stellte sich Herr L.

(34 Jahre) in Beisein seiner Ehefrau bei mir vor. In einem Anamnesegespräch – selbst auf der Suche nach möglichen Grundursachen für sein Analphabetentum – berichtete Herr L. aus seiner Erinnerung: Vom Elternhaus sei nichts zu erwarten gewesen. Nach dem frühen Tod seiner Mutter hätten er und seine Geschwister unter dem Zepter einer Stiefmutter – die selbst noch eigene Kinder mit in die Ehe gebracht habe – ein wahres Martyrium erlitten. Der Vater sei zu schwach gewesen, sich dagegen zu wehren und seine eigenen Kinder zu schützen. Er suchte Zuflucht in der Flasche und landete schließlich in einer Trinkerheilanstalt. Den todkranken Vater holte Herr L. in seine eigene Familie und pflegte ihn liebevoll, bis er starb.

Wahrscheinlich waren die seelischen Bedrängnisse in seiner Kindheit und eine schwere Wahrnehmungsstörung Grundursachen dafür, daß Herr L. in seiner gesamten Schulzeit nicht das Lesen und Schreiben erlernen konnte.

So kam er schließlich in eine Behindertenwerkstätte. Dort konnte man ihm zwar auch keinen neuen Leselernstart vermitteln, man ermöglichte es ihm aber, seine vielseitigen praktischen und technischen Fähigkeiten in Fertigkeiten umzusetzen (Bohren, Schweißen, Pflastern usw.). Bei all seinen beruflichen Neuversuchen stand ihm stets das Handicap des Nicht-Lesenkönnens im Wege. Dieser intelligente Mann erhielt die Sondergenehmigung, den theoretischen Teil einer Führerscheinprüfung auch mündlich abzulegen. Die praktische Seite der Prüfung bereitete ihm keine Schwierigkeiten. Die erlangte Fahrerlaubnis war eine wichtige Voraussetzung für die Ausübung seiner beruflichen Tätigkeit. In einem festen Arbeitsverhältnis als Baggerführer fühlte er sich für die verschiedenen anfallenden Aufgaben im Betrieb nicht nur befähigt, sondern auch verantwortlich. Dies wurde Herrn L. auch von seinem Chef mit voller Anerkennung bestätigt.

Bei diesem Erwachsenen waren ärztlicherseits die Wege zur Bewilligung der Eingliederungshilfe angebahnt worden. So stand unter anderem in einem fachärztlichen Bericht: „Aufgrund der Vorgeschichte und der Befunde besteht bei

Herrn L. ein Analphabetismus, wobei seine Unfähigkeit, lesen und schreiben zu können, nicht auf eine Schwächung seiner intellektuellen Leistungsfähigkeit zurückzuführen ist, sondern auf eine spezielle Lese- und Rechtschreibschwäche im Sinne der Legasthenie, die bislang nicht behandelt worden ist. Die Legasthenie ist als behandlungsbedürftige Erkrankung anzusehen, die zu einer schwerwiegenden seelischen Behinderung von Herrn L. beiträgt und nicht nur vorübergehender Natur ist, so daß die Fähigkeit zur Eingliederung in die Gesellschaft in erheblichem Umfang beeinträchtigt ist. Falls eine Behandlung seiner Legasthenie unterbleibt, ist mit einer Verschlechterung der seelischen Erkrankung zu rechnen ..."

Der Betroffene war zur Therapie motiviert und nahm den Freizeitverzicht und die weiten Fahrten zum Therapieplatz bereitwillig auf sich. Manchmal war es notwendig, sogar am Sonntag zu unterrichten. Das bedeutete einen Freizeitverzicht – auch für mich und meinen Mann.

Vorrangig galt es, das empfindlich gestörte Selbstwertgefühl des Betroffenen wieder aufzurichten. Seine Teilleistungsstörungen in den Wahrnehmungsbereichen lagen im optischen Erfassen (z. B. „o-a; r-n") im räumlichen Erkennen (z. B. „d-b; ie-ei") im akustischen Unterscheiden (z. B. „m-n"; „g-k"; „d-t"; „b-p"; „s-z"; „i-e"; „o-u" und „ü-ö") und im sprachlichen Durchgliedern (Schwierigkeiten beim Zusammenschleifen von Lauten zu Silben z. B. „m-a"=„ma").

In einem sehr sorgfältig vorbereiteten speziellen individuellen Leselehrgang versuchte ich, seine Ausfälle zu behandeln. Es war immer wieder nötig, die verschiedensten Lernkanäle mit einzuschalten. Auch seine verwaschene Aussprache war zu korrigieren, und es galt, seinen Wortschatz zu erweitern. Einfache grammatische Begriffe (Nomen/Namenwörter, Artikel/Geschlechtswörter, Verben/Tuwörter und Adjektive/Eigenschaftswörter) konnte er bald an den dargebotenen Wortbildern erkennen.

So mußte ich also auch hier eine Behandlung von „unten" beginnen, sie aber auch zugleich zweigleisig anlegen.

Ich bot ihm neben dem langsam ansteigenden Leselehrgang im „Blitzlesen" Verkehrszeichen, Hinweisschilder und Städtenamen zum „Abspeichern" an.

Er vermochte es bald, sich optische Zeichen (z. B. Verkehrsschilder) visuell einzuprägen. Letztlich hatte er doch sogar die lange Fahrtstrecke von seinem Wohnort bis zur Arbeitsstelle (jeweils 350 km) „fotografisch" gespeichert. „Ich habe jedesmal Angst vor Umleitungen und neuen Verkehrsschildern, die ich vielleicht noch nicht kenne, und bin erleichtert, wenn ein Kollege mit mir fährt."

Die Seelenängste, die er bei solchen Zwischenfällen erleiden mußte, waren förmlich bei seinen Erzählungen in seinem Gesicht abzulesen und wirkten noch nach, auch als Lernbremse in der Therapie.

Dem Einsatz der Handzeichen sah Herr L. anfangs mit Skepsis entgegen, d. h. es ging ihm alles nicht schnell genug voran. Also versuchte ich, ihm diesen Teil seines Problems zu erklären: „Wenn ein noch so hochwertiges Auto mit einem sogar achtzylindrigen Motor jahrelang unbenutzt abgestellt bleibt, dann können Sie dieses nicht sofort auf Hochtouren jagen, sondern müssen es langsam einfahren. So ähnlich ist das jetzt auch mit Ihrem so lange in Ruhe gelassenen Lesezentrum im Gehirn."

Das leuchtete ihm ein, und er wurde geduldiger mit sich (und mir). Allmählich fand er die Anwendung der Handzeichen auch als sehr hilfreich (besonders dann, wenn es galt, Vergessenes der vorigen Stunden wieder aus dem Gedächtnis abzurufen). Und er wandte diese Zeichen zunehmend geschickter mit ansteigendem Tempo an.

Während unserer Sitzungen brach oft die Vergangenheit aus Herrn L. hervor: „Warum kann ich erst *jetzt* lesen und schreiben erlernen, warum hatte gerade *ich* so eine Kindheit?"

Wenn diese Ausbrüche auftauchten, wenn sich der Gesichtsausdruck veränderte, wenn die Hände fahrig wurden, wenn sich die Stimme überschlug, dann war unsere Teepause nötig. Dann mußte die Pädagogik zurücktreten, und befreiende Gespräche sollten weiterhelfen: „Warum hadern Sie so mit Ihrem Schicksal, Herr L.? Denken Sie einmal darüber nach, was *Sie* alles *haben:* Hübsche, gesunde und kluge Kinder; eine Ehefrau, die eine gute Hausfrau ist und zu Ihnen steht. Sie besitzen ein Bündel von Fähigkeiten, die Sie in Ihrem Beruf anwenden können. Auch darum werden Sie geschätzt von Ihrem Chef, Ihren Arbeitskollegen/-kolleginnen, Nachbarn und anderen. Und Sie haben eine Therapeutin gefunden, die Ihnen helfen will." Oder ich erklärte ihm z. B., daß andere Menschen auch eine schlimme Kindheit erlebt hatten und trotzdem Lesen und Schreiben erlernen konnten. Doch bei diesen lag wahrscheinlich *keine* Wahrnehmungsbeeinträchtigung – so wie bei ihm – vor. An der Überwindung *dieser* Ausfälle müßten wir jetzt arbeiten.

Ein Überlegen, Aufatmen, und wir konnten weiterarbeiten. Die Therapie strengte ihn sicherlich an, auch mich. Doch unermüdlich und zielstrebig war er nicht nur im Unterricht selbst, sondern auch bei der Verrichtung von Hausaufgaben.

Als seine Ehefrau ihm bei den Hausaufgaben am Wochenende behilflich sein wollte, mußte ich sie allerdings erst davon überzeugen, daß sie auf keinen Fall bei Leseübungen mit ihm buchstabieren durfte. Auch seine beiden Kinder, die problemlos – auch im Lesen und Schreiben – bislang die Grundschule durchliefen, wollten dem „Vati" bei den Schularbeiten unterstützen. Sie waren stolz auf ihren „Papi", der einen so großen Bagger fuhr, das Eigenheim selbst erbaut hatte, zu pflastern verstand und schlechthin in allen handwerklichen Arbeiten fit war.

Schwere Wahrnehmungsbeeinträchtigung, organische Hörminderung und seelische Bedrängnis in der Kindheit waren wahrscheinlich Grundursachen für das Lese-Rechtschreibversagen dieses Betroffenen. Durch Arzt und Gesundheitsamt waren ihm die Wege zur Eingliederungshilfe gebahnt worden. Ehefrau und beide schulpflichtigen Kinder begleiten nun den Betroffenen mit liebevollem Verständnis auf seinem Weg in der Lerntherapie.

## 5. Fallbeispiel: Franz „bockt" – Folgen einer umgestellten Linkshändigkeit

Es verlangt viel Einfühlungsvermögen und Fingerspitzenge-fühl, wenn man einem Erwachsenen die „Lehrkost" eines ABC-Schützen vorsetzen will. Nicht immer geht das so pro-blemlos zu, wie dies z. B. der Fall „Franz" zeigt.

Im Anschluß an einen meiner Vortragsabende zur Lese-Rechtschreib-Problematik baten mich eine Mutter und ihr 19jähriger Sohn um Hilfe. Er konnte noch nicht lesen, war bei der Gesellenprüfung durchgefallen – obwohl er im prakti-schen Teil der Prüfung die Note „2„ erhalten hatte – und war sehr enttäuscht und niedergeschlagen.

Die fachärztliche Diagnose bestätigte einen Analphabetis-mus bei durchschnittlicher Intelligenz. Der Betroffene zeigte Ausfälle im Bereich der Sprache, Akustik, Optik und eine schwere Raumlagelabilität. Er war ein programmierter Linkshänder und in der Schule gewaltsam auf das Schreiben mit der rechten Hand umgestellt worden. Wahrscheinlich war es dadurch zu einer Schaltstörung im Gehirn, zu einem Umweg im Denken, zu einer Verlangsamung, zu einer Be-hinderung beim Lesen und Schreiben gekommen. Auch Folgeerscheinungen im psychischen Bereich, Veränderun-gen in seinem Verhalten waren zu erkennen (Schenk-Dan-zinger 1979). Die Eltern beschrieben ihn: „Der Junge wird so schnell aggressiv, aufbrausend, ist ungehalten und oft so störrisch."

Gern und belustigt denke ich an die ersten schweren Zu-sammenstöße in der Anfangstherapie zurück. „Wollen Sie wieder mit ‚die' A-E-I-O-U's mit mir arbeiten?" Mit diesen und ähnlichen wütenden Ausrufen marschierte er trotzig an mir vorbei ins Therapiezimmer, heftig seine Aktentasche schlenkernd, die er mit einem laut hörbaren Knall auf einen Nebensessel schleuderte. Kampfbereit blitzten mich seine Augen dabei hinter den Brillengläsern an.

Amüsiert betrachtete ich ihn und antwortete gelassen: „Sie dürfen mir auch gleich ein wissenschaftliches Werk vorlesen, wenn Sie es können, Franz. Dabei kann *ich* mich ausruhen und dazulernen."

Stets hatte ich eine Fibel, ein Lesebuch des zweiten, dritten und vierten Schuljahres vorbereitet und lud ihn ein, daraus vorzulesen. Er blätterte einige Seiten um und antwortete dann grollend: „Dazu sind *Sie* ja da, daß ich das endlich lesen kann."

Jetzt mußte ich schallend lachen und meinte: „Das will ich auch! Doch bevor Sie z. B. demnächst Ihre Fleischergesellenprüfung ablegen dürfen, müssen Sie doch erst noch als Lehrling arbeiten. Und so ist das jetzt auch mit Ihrem Unterricht bei mir. In Ihrem Beruf können Sie inzwischen Dinge, die *ich* nicht weiß. Die können Sie mir umgekehrt auch beibringen."

Bei seiner Berufsausübung war Franz auf praktischem Gebiet erstaunlich befähigt. Das bestätigte mir auch später sein Ausbilder. Technisch war Franz begabt, und wenn ich entsprechende Fragen dazu an ihn richtete, so bereitete es ihm eine sichtbare Freude, wenn er mich unterweisen und/oder „reinlegen" konnte.

Meine Arbeit mit ihm verlief unter einem doppelten Aspekt. Auf der einen Seite sollte er geduldig stufenweise aufbauend das Lesen und Schreiben erlernen. Im anderen Teil bot ich ihm stets neue „Merkwörter" aus seinem Berufsgebiet (z. B. Schwein, Rind, Kuh, Fleischerei usw.) an. Er versuchte, diese schnell zu speichern, weil er sich wahrscheinlich etwas darunter vorstellen konnte.

Als er zum Wehrdienst einberufen wurde, brauchte er diesen nicht zu leisten. Mein Legastheniegutachten hatte ihn davon befreit.

Durch viel Fleiß und Zähigkeit konnte er seinen Autoführerschein bestehen. Im theoretischen Teil (beim Abhören der Prüfungsfragen) war ich ihm behilflich.

Als er zur Gesellenprüfung ansetzte, trat auch mein Mann in Aktion. Er überprüfte Franz im mathematischen Bereich. Verstärkte Hilfe bekam der Betroffene zusätzlich durch eine Berufsschullehrerin. Sie zeigte viel Verständnis für die Lernschwierigkeiten dieses Schülers. Auch andere Berufsschulkollegen/-kolleginnen wies sie in Franzens Problematik ein.

Und so haben seine Eltern, seine Lehrer und auch ich gebangt, als Franz zur theoretischen Gesellenprüfung antrat. Die mündliche hatte er schon mit „gut" abgelegt. Und er bestand seine Prüfung.

Mit dem Gesellenbrief in der Tasche, mit seinen erfreulichen Kenntnissen im Lesen und Schreiben war nun auch diesem Jugendlichen der Weg zur vollen Eingliederung in die Gesellschaft geebnet.

Eine schwere Wahrnehmungsbeeinträchtigung, eine gewaltsam umgestellte Linkshändigkeit waren Grundursachen, die zur Lese-Rechtschreibproblematik dieses Jugendlichen führten.

Das Elternhaus konnte seine Verhaltensauffälligkeit richtig einordnen, die nötige Geduld aufbringen, ihm aber auch im richtigen Augenblick Grenzen setzen. Mit viel Fleiß, Zielstrebigkeit und unterstützendem Verständnis einer Berufsschullehrerin war ihm das Erreichen seines Berufszieles möglich geworden.

## 6. Fallbeispiel: Analphabeten in der Bundesrepublik – Eine Fernsehausstrahlung vermittelt Aufklärung

### „Mit dem Lesen und Schreiben hat es nicht so geklappt" – Störungen in der akustischen Reizverarbeitung

In einer Fernsehausstrahlung am 30. November 1976 wurde neben einer allgemeinen Aufklärung über Analphabeten in der Bundesrepublik auch meine therapeutische Arbeit mit einem jugendlichen Analphabeten vorgestellt.

H. war ein 18jähriger Kraftfahrzeugmechaniker, der in der Schule gute Leistungen im Rechnen und im Mündlichen zeigte, doch das Lesen und Schreiben nicht erlernen konnte. Der Grund dafür war eine schwere Legasthenie, die man bis dahin nicht erkannt hatte.

Der Lehrmeister hatte die Problematik seines Lehrlings entdeckt und sich an Carola Thole (Gründerin des Bundesverbandes Legasthenie, damals stellvertretende Vorsitzende) mit der Bitte um Rat gewandt. „Ich dachte, das kann doch nicht wahr sein, daß unser H. nicht lesen und schreiben kann." Er befürchtete, daß sein im Praktischen so befähigter Lehrling die anstehende Gesellenprüfung im theoretischen Teil wegen seines Handicaps nicht bestehen würde. Der damalige erste Vorsitzende des Verbandes Legasthenie, der klinische Psychologe Volker Ebel, übernahm die testpsychologische Überprüfung des Hilfesuchenden und deckte die Hintergründe auf, die zu seinem Versagen geführt hatten: Wegen einer schweren Störung der akustischen Reizverarbeitung und Ausfällen im sprechmotorischen Bereich konnte dieser intelligente junge Mann während seiner gesamten Schulzeit das Lesen und Schreiben nicht erlernen.

Ich war inzwischen Mitglied des Bundesverbandes Legasthenie geworden und übernahm – als eine speziell auf dem Gebiet der Legasthenie weitergebildete Lehrerin – die Behandlung dieses Betroffenen.

In meinen Gesprächen mit den Eltern erkannte ich deren Verständnis und zugleich ihre Bedrückung darüber, daß sie ihrem Kind mit ihren häuslichen Möglichkeiten beim Erlernen des Lesens und Schreibens nicht helfen konnten.

Die Zeugnisbetrachtungen bestätigten zwar durchgängig unzureichende Leistungen im Lesen und Schreiben, aber befriedigende und bessere Zensuren im Rechnen und in anderen Fächern. In der Schule hatte man den Schüler regelmäßig versetzt und ihn in seinen anderen Neigungsfächern verstärkt gefördert. Damit war ihm auch sein Selbstbewußtsein erhalten geblieben, wie aus dem fröhlichen Auftreten und seinem eigenen Kurzbericht über Schule zu erkennen war: „Na, mit dem Lesen und Schreiben, da hat es nicht so richtig geklappt. Aber die Lehrer waren schon in Ordnung."

Er sollte weiterberichten und mir etwas von seiner *Problematik* erzählen: „Ja, das Autoreparieren, das kann ich gut und das macht mir Spaß. Und auf unserem Bauernhof, da kann ich bei allen Arbeiten einspringen. Und mit sechs Jahren, da habe ich schon Treckerfahren gekonnt und mit zwölf Jahren, da ..."

Er wollte mir also zunächst einmal beweisen, was er *konnte*. Sein Fähigkeitsbild war nicht gestört. Doch was dann kam, was er mir beweisen *mußte*, das war niederschmetternd genug für ihn und für mich.

Wir hatten beide Schweißperlen auf der Stirn nach der ersten Stunde, die noch nichts brachte, weil *ich* das Anfangsmaterial viel zu hoch angesetzt hatte.

Besonders die Schwierigkeiten in seiner akustischen Reizverarbeitung waren so groß, daß nicht nur der Einsatz eines Großgebärdensystems, sondern auch eines Klangholzes (Xylophon) Abhilfe schaffen mußte (ein bestimmter Laut wurde einem bestimmten Klang zugeordnet – besonders dem „I" und dem „E"). Er sollte sich mit abgewandtem Kopf die von mir angeschlagenen Klänge des Xylophons anhören. Dabei war ein bestimmter hoher Ton als „i" – auch mit Handzeichenbegleitung – von ihm zu benennen. Nach einer gewissen Zeit war in ähnlicher Reihenfolge das „E" zu erhören. Zuletzt wurden von mir abwechselnd die Töne für „e" und „i" überprüft. Die akustische Differenzierung (Unterscheidung) der beiden Vokale (Selbstlaute) „e" und „i" war also geglückt.

Meine Lernanforderungen an ihn mußte ich – nach meinem ersten Fehlschlag – tief herabsetzen. Obwohl ich ganz von unten angefangen hatte, ging es erstaunlich schnell mit ihm beim Lernen aufwärts. Der unwahrscheinliche Wille und die außergewöhnlich große Lernfreude waren bei dem jungen Mann ein entscheidender Lernantrieb. Es war für mich zwar der erste Fall von Analphabetenbehandlung, trotzdem konnte ich ihn schon nach 54 Unterrichtsstunden als Lesenden entlassen.

Zu den meisten der Betroffenen und ihren Angehörigen unterhalte ich – auch nach abgeschlossener Behandlung – weiterhin herzliche persönliche Kontakte. Und so freuten wir (mein Mann und ich) uns sehr, als wir zur Hochzeit des H. eingeladen wurden. Als H. mich dabei zu einem Tanz aufforderte, mußte ich das Tanzen zwischendurch mit einem Aufschrei abbrechen (die rhythmische Störung meines Schützlings war wieder einmal durchgebrochen). Er hatte mir auf den Fuß getreten: „Autsch, H., das Lesen habe ich dir ja gut beigebracht, aber Tanzenlernen mußt du dann mit deiner Frau." Wir mußten beide laut auflachen.

Bei diesem Betroffenen hatten Teilleistungsausfälle – besonders im sprachlichen Bereich – zu seiner Problematik geführt. Das verständnisvolle Bemühen von Schule und Elternhaus reichte wahrscheinlich nicht aus, um ihm Lesen und Schreiben vermitteln zu können. Doch das Selbstbewußtsein und die Freude am Lernen war diesem Betroffenen – trotz seines ersten Fehlstarts beim Lesen und Schreiben – erhalten geblieben. Als nach der damaligen Fernsehausstrahlung Passanten auf der Straße nach ihrer Meinung gefragt wurden, gab es Kopfschütteln und verneinende Antworten: „Analphabeten bei uns? Nein, die gibt es nicht. Wir haben doch die Schulpflicht. Ja, in den unterentwickelten Ländern, in der Dritten Welt, da schon!"

Und heute – 18 Jahre später – wie würden die heutigen Antworten lauten?

Menschen, die weder lesen noch schreiben können, wie können wir helfen?

Zunächst einmal gilt es, Vorurteile zu beseitigen.

Analphabeten sind nicht dumm, nicht faul und kommen nicht aus Elternhäusern, die *nicht* helfen wollten oder konnten.

So gibt es z. B. eine Vielzahl von Menschen, die Kindheit und Schulzeit unter „ungünstigen Bedingungen" erlebten. Aber wahrscheinlich fehlte bei diesen Menschen der dritte und entscheidende Störfaktor, nämlich eine Beeinträchtigung ihrer Wahrnehmungsfähigkeit. Oder die Teilleistungsstörungen in ihren Wahrnehmungsbereichen waren so minimal, daß sie überbrückt werden konnten.

In jedem Fall von Leseversagen – entdeckt im Schul- oder Erwachsenenalter – kann es einen neuen Lese-Lernstart geben.

In jedem Einzelfall – Kind oder Erwachsener – ist eine genaue Diagnose und Anamnese (Erkundung der Vorgeschichte) vorzuschlagen (Schenk-Danzinger 1984).

Bei einer Vielzahl der betroffenen Erwachsenen sind Lese-Schreiblehrgänge möglicherweise nur versandet, so daß diese Lücken in Alphabetisierungskursen wieder geschlossen werden können.

Bei anderen Analphabeten dagegen waren wahrscheinlich ihre Wahrnehmungsbeeinträchtigungen so stark, daß damals auch die Schule – mit ihren Möglichkeiten zu helfen – überfordert war. Diese Menschen benötigen – nach wie vor – gezielte, spezielle Einzelhilfe.

Liebe Leserinnen und Leser,
wenn Sie in Ihrem Bekanntenkreis auf solche Fälle von Noch-Nicht-Lesenkönnen stoßen, dann geben Sie Ihre Informationen bitte weiter. Denn Analphabeten können meine Bitte, die für sie bestimmt ist, nicht selbst lesen, sonst wären sie ja keine Analphabeten.

Nennen Sie ihnen z. B. die Anschrift des Bundesverbandes Legasthenie, Adressen von Volkshochschulen, anderen Erwachsenenbildungseinrichtungen oder erfahrenen Lerntherapeuten/Lerntherapeutinnen, die Beratung oder direkte Hilfe vermitteln können!

# 4 Der Schulanfang

Irgendwann waren alle erwachsenen Betroffenen einmal in der Schule. Es besteht ja Schulpflicht. Sie haben Buchstaben (deren Laute), Silben und Wörter in der Vergangenheit kennengelernt.

Wir können davon ausgehen, daß einige Erstkläßler schon lesend zur Schule kommen, daß ein größerer Teil das Lesen problemlos in der Schule erlernt, daß aber zwanzig bis dreißig Prozent Startschwierigkeiten aufweisen. Man schätzt, daß davon etwa sieben bis zehn Prozent ‚echte' Legastheniker sind.

## Störfaktoren beim Lesen und Schreiben schon beim Schulanfang beobachten

Des öfteren werde ich von Kollegen und Kolleginnen gefragt, wie schnell man erkennen kann, welches Kind ein Legastheniker ist. Eine Feststellung mit dem Ziel einer Bevorzugung ist nicht nötig, denn *alle Schüler/-innen haben ein Recht auf Hilfe.* Doch vorrangig ist „Früherkennen und Frühbehandeln von unzureichenden Leselernvoraussetzungen im Anfangsunterricht" (Soremba 1986/93).

Sämtliche Kinder sollten während des gesamten Erstunterrichts genauestens beobachtet und selbst kleinste Auffälligkeiten (auch wenn sie sich später als Zufälligkeiten erweisen) gekennzeichnet werden.

In einem Beobachtungsbogen sollten diese Tagesnotizen wochenplanmäßig während des gesamten Erstunterrichts weitergeführt werden. Denn trotz einer noch so gezielten

Förderung – von Anfang an – zeichnen sich oftmals schon optisch in den entsprechenden Beobachtungsrubriken Häufungen ab, die auf eine spezielle Lese-Rechtschreibschwäche hinweisen. Diese Kinder benötigen auch *über* den Anfangsunterricht hinaus weiterführende spezielle und individuelle Hilfen. Für ein gründliches Beobachten und gezieltes Helfen ist es unbedingt notwendig, möglichst lange Zeit Fakten zu sammeln und gegebenenfalls weitere Informationen einzuholen. Bestimmte auffällige Verhaltensweisen sind in unterschiedlichen Situationen zu beobachten. Hilfreich ist es, eigene Beobachtungen und ihre Interpretationen auch mit Beobachtungen anderer Fachkräfte zu vergleichen.

Lernstörungen und Verhaltensweisen sind erst dann symptomatisch (warnend), wenn sie häufiger zu beobachten sind.


## Entwicklungsverzögerungen bei Schulkindern

Der Schuleintritt erwischt manche Kinder in einem Entwicklungsstadium, in dem die Voraussetzungen für das Erlernen des Lesens und Schreibens noch nicht vollends gegeben sind. Nicht bei allen fröhlichen Erstkläßlern, die am ersten Schultag mit ihrer Schultüte munter und lernfreudig aufkreuzen, ist die *Ausgangssituation gleich.* Viele dieser Kinder leben in einer „Tassenwelt", in der sie z. B. noch nicht unterscheiden können, ob der Henkel einer Tasse nach links oder rechts zeigt (vgl. Bild „Franzel", Breuninger/Betz 1987). Diese Unterscheidungsschwierigkeiten zeigen die Kinder auch z. B. bei den Buchstaben „b-d", „p-q", „ei-ie" usw. Beispiele für solche Buchstabenerkennungsvoraussetzungen sind: Rechts-Links-Unterscheidungen; Oben-Unten-Beziehungen; Symbolverständnis (Kreis, Dreieck, Rechteck); Längen und Mengen richtig abschätzen können; Detailbetrachtungen vornehmen können (was ist an dem Bild/Buchstaben zu wenig/zu viel).

**Beobachtungsbogen für den Anfangsunterricht**

| Klasse:<br>Vorname:<br>Name: | Krankheiten | Verhaltens-<br>abweichungen | Sprach-<br>auffälligkeiten | Optische<br>Ausfälle | Akkustische<br>Minderungen | Raumlage-<br>unsicherheit | Motorische<br>Störung | Schreib-<br>fertigkeits-<br>entwicklung | Besondere<br>Begabungen |
|---|---|---|---|---|---|---|---|---|---|
| 1. Junge | | | | | | | | | |
| 2. Junge | | | | | | | | | |
| 3. Junge | | | | | | | | | |
| 4. Junge | | | | | | | | | |
| 5. Junge | | | | | | | | | |
| 6. Junge | | | | | | | | | |
| 7. Junge | | | | | | | | | |
| 8. Junge | | | | | | | | | |
| 9. Junge | | | | | | | | | |
| 10. Junge | | | | | | | | | |
| 11. Junge | | | | | | | | | |
| 12. Junge | | | | | | | | | |
| 1. Mädchen | | | | | | | | | |
| 2. Mädchen | | | | | | | | | |
| 3. Mädchen | | | | | | | | | |
| 4. Mädchen | | | | | | | | | |
| 5. Mädchen | | | | | | | | | |
| 6. Mädchen | | | | | | | | | |
| 7. Mädchen | | | | | | | | | |
| 8. Mädchen | | | | | | | | | |
| 9. Mädchen | | | | | | | | | |
| 10. Mädchen | | | | | | | | | |
| 11. Mädchen | | | | | | | | | |
| 12. Mädchen | | | | | | | | | |

*Franzel freut sich auf die Schule. Er* will *lernen!*

Mit seinen ‚Tassenaugen' liest er:
Dez Lezeu uuq Soqlelqeu zu leqleu qe-
qöll zu qeu Heuqleulqeqeu qel Gluuq-
zoqule uuq ez lzl lqle qeqeqoqlzoqe
Aulqeqe, gelül zu zolqeu, qeß wöqlloqzl
weulqe Soqülel qeqeuüqel qlezeu
Gluuqlolqeluuqeu velzeqeu.
Lösung:
Das Lesen und Schreiben zu lehren ge-
hört zu den Hauptaufgaben der Grund-
schule, und es ist ihre pädagogische
Aufgabe, dafür zu sorgen, daß möglichst
wenige Schüler gegenüber diesen
Grundforderungen versagen.

(H. Breuninger/D. Betz, Jedes Kind kann schreiben lernen, 5.
unveränderte Auflage 1993, Beltz Weinheim und Basel)

Einige Schüler/-innen sind noch sprachverzögert. Andere zeigen sich schwerfällig in ihren Bewegungen und Handlungen. Das könnten Hinweise sein für eine leichte Hirnfunktionsstörung. Denn nicht in jedem Fall verläuft die frühkindliche Entwicklung der Norm entsprechend – von der Schwangerschaft, Geburt bis zum Schuleintritt ist ein langer Weg. Das Gehirn kann z. B. durch einen vorübergehenden Sauerstoffmangel während der Geburt eine geringe Schädigung davontragen, die auch Ursache für Bewegungsstörungen sein kann. Durch entsprechende Bewegungsübungen lassen sich diese Störungen oftmals wirksam bekämpfen. Früherkennung ist wichtig! Diese leichten Störungen wirken sich ungünstig auf das Lesen- und Schreibenlernen aus, doch in fast allen Fällen wachsen sie sich aus. Jedenfalls sind solche beschriebenen Schüler/-innen gesund und nicht dumm, sie sind eben „Spätzünder" (Jungen häufiger als Mädchen). Diese spätentwickelten Kinder brauchen einfach nur mehr Zeit – und nicht mehr Druck! – zum Lernen. Entscheidend ist, daß der Erstunterricht diese Erkenntnisse berücksichtigt und sich durch viele spezielle Lernangebote bemüht, das nur reifungsbedingte Unvermögen dieser Kinder zu überwinden. Bei offensichtlicher Unreife dagegen sollte lieber an Ausschulung und im nächsten Jahr an Neueinschulung gedacht werden. Durch Schulkindergartenbesuch oder entsprechende Hilfsmaßnahmen können in diesem Jahr noch rückständige Entwicklungsbereiche gefördert werden. Man sollte sich aber niemals mit dem Ausspruch zufrieden geben: „Es kommt schon noch!" Sicherlich „kommt es schon noch", aber mit gezielter Hilfe, Anleitung und Förderung.

Nie probeweise, nie verfrüht einschulen! Lieber dem Kind noch ein verlängertes Spieljahr gönnen! Denn im Spiel erwirbt sich das Kind Grundlagen zu seiner Persönlichkeitsentwicklung und erlangt Grundfähigkeiten für das Erlernen des Lesens, des Rechtschreibens und für die Handschrift (Ayres 1984). Präventivmaßnahmen (Vorbeugungshilfen) bzw. Überprüfungen dazu sind in dem Buch „Gut vorbereitet auf das Lesen und Schreiben" (Breuer/Weuffen 1990) nachzulesen.

# Lernbehinderung

Nicht nur durch Lernzielkontrollen, sondern auch durch Allgemeinbeobachtungen im Klassenverband wird sich möglicherweise bei einigen Schülern und Schülerinnen ein Leistungsversagen nicht nur im Lese-Schreiblernprozeß, sondern auch in anderen Lernfächern abzeichnen. Oft sind es medizinisch-biologische oder geistig-seelische Hintergründe, die diese Minderbegabung zur Folge haben. Diese Kinder, mit einer echten, langandauernden Mehrfachbehinderung, bedürfen einer ganz speziellen Förderung in allen Bereichen, und zwar auf der Anforderungsebene, die dem Leistungsstand dieser Kinder entspricht. Eine Früheinweisung in die Sonderschule für Lernbehinderte stellt in unserem Schulsystem oft die geeignete Hilfe dar.

## Spezielle Lese-Rechtschreibschwäche

Im Gegensatz hierzu ist bei Kindern mit einer *speziellen Lese-Rechtschreibschwäche* (Legasthenie) die Einweisung in eine Sonderschule *nicht* angezeigt, denn für diese Kinder würde das eine Unterforderung bzw. eine zusätzliche, massive psychische Belastung bedeuten. Bei der LRS-Problematik dieser Kinder handelt es sich *nicht* um eine Beeinträchtigung des Denkens (Intelligenz), sondern vielmehr um Teilleistungsschwächen bei der Aufnahme, Verarbeitung oder Wiedergabe des Lesens und/oder Schreibens. Es sind also normal bis hochbegabte Kinder, die Lesen und Schreiben – je nach Schwierigkeitsgrad und Zusammenspiel ihrer Minderungen – unter erschwerten Bedingungen erlernen.

Die möglichen Ursachen liegen „im Kind" selbst – ohne Schuldzuweisung an das Kind, an die Schule oder an das Elternhaus.

Nach Vellutino ist Legasthenie kein visuelles Problem, sondern eine Schwierigkeit der sprachlichen Verarbeitung der visuell gebotenen Schriftzeichen. Er spricht von einer Interaktionsstörung, und zwar einer eingeschränkten Fähigkeit, visuell-verbal-akustische Beziehungen herzustellen (Vellutino 1982).

Die Legasthenie ist also *kein* Hirngespinst, *kein* Trugbild, *keine* Modeerscheinung – wie manche meinen.

Die Wissenschaft, besonders die Medizin, beschäftigt sich schon seit der Jahrhundertwende mit dieser Problematik (Berkhan 1885/1886, Lindner 1962, Vellutino 1982, van Husen 1983, Martinius 1984, Warnke 1990). Möglicherweise haben zu jener Zeit besorgte Eltern ihre Kinder mit „komischen" Krankheiten dem Hausarzt vorgestellt, und vielleicht konnte dieser bei Nachfragen auch eine Lese-Rechtschreibproblematik der Kinder aufdecken.

1885 beschrieb der Braunschweiger Schularzt Oswald Berkhan Kinder, die beim Erlernen des Lesens und Schreibens versagten, während sie in den anderen Fächern normale oder sogar durchschnittliche Leistungen zeigten.

1916 wurde der Begriff „Legasthenie" (Leseschwäche) von dem ungarischen Neurologen und Psychiater Paul Ranschburg geprägt. Es kam zu kontroversen Darlegungen zwischen den verschiedensten Fachrichtungen, die sich mit dieser Problematik beschäftigten. Legasthenie – Phantom oder Wirklichkeit? Ungeachtet der wissenschaftlichen Auseinandersetzungen haben sich seit Jahren Praktiker bemüht, den Betroffenen mit ihren Möglichkeiten zu helfen.

In dem nieders. Erl. d. MK v. 24.08.1972 wurde die spezielle Lese-Rechtschreibschwäche (Legasthenie) nach Schubenz definiert:

„Heute versteht man unter Legasthenie das Phänomen der bedeutsamen Inkongruenz von (relativ guter) allgemeiner Begabungshöhe und der (relativ geringen) Fähigkeit, das Lesen und orthographisch richtige Schreiben in der von der Schule dafür eingeräumten Zeit und dem vorgesehenen Maß an Training zu erlernen ..."

Der Bundesverband Legasthenie e.V. hat durch den wissenschaftlichen Beirat eine Definition zur Legasthenie mit Erläuterungen erstellt (in der Fassung vom 31.10.1987):

„1. Legasthenie ist die Bezeichnung für Schwächen beim Erlernen von Lesen, Schreiben und Rechtschreiben, die weder auf eine allgemeine Beeinträchtigung der geistigen Entwicklung, noch auf unzulänglichen Unterricht zurückgeführt werden können ..." (1987).

Das heißt konkret für Eltern betroffener Kinder:
„Bei Ihrem cleveren, klugen Kind klappt nur einfach ein inneres Zusammenspiel (noch) nicht so recht. Dadurch kommt es bei ihm zu Problemen beim Lesen und Schreiben. Auf seinem Lernweg, dem ‚Weg nach Rom' (auf dem Weg zum festen Einprägen von Lesen und Schreiben), liegen noch einige Stolpersteine im Weg. Ihr Kind bemüht sich *mit Sicherheit*, diese Hindernisse wegzuräumen. Das kostet es (viel) Kraft, und es braucht (mehr) Zeit dadurch, und es ‚hinkt' natürlich hinter den anderen Schülern nach. Wenn Sie ihm dabei mithelfen, durch Verständnis und die richtige Lernhilfe, dann brauchen keine zusätzlichen Belastungen körperlicher und seelischer Art bei Ihrem Kind dazukommen."
Lese-rechtschreibschwachen Kindern stehen aber in der Regel erhöhte Lernanstrengungen bevor, und sie schaffen es meist nicht – in einer von der Schule vorgegebenen Zeit –, den Anschluß an das Klassenniveau (ausreichende Leistungen) zu erreichen.
Oftmals lasse ich die Erziehungsberechtigten auch selbst mitwirken: Etwa dann, wenn sie die „legasthenische Schrift" unter dem Bild von „Franzel" lesen. Wenn sie einmal selbst versuchen, die haptischen Zeichen, die auf ihrem Rücken geschrieben werden, zu lesen, bzw. wahrzunehmen, Handzeichen nachzuahmen oder bei Abhörübungen die Augen zu schließen und nach „innen" zu hören, dann können sie sich meist besser in die Problematik ihres Kindes hineindenken und die Möglichkeiten für sinnvolles häusliches Helfen genauer verstehen.
Doch auch die betroffenen Kinder müssen ihre Situation richtig akzeptieren und begreifen lernen. Wenn selbst Erwachsene Legasthenie mit Dummheit und Faulheit verwech-

seln, wie können sie dies dann besser verstehen? Durch Erzählungen, Fallbeispiele, Zeichnungen versuche ich, ihnen ihre Situation zu erklären. Ein Erlebnis dazu hat mich vor kurzem besonders betroffen: Ein pfiffiger Legastheniker hörte sich das von mir Vorgetragene eine Zeitlang an, doch dann meinte er mit einem abweisenden Kopfschütteln: „Nee, Frau Soremba, das stimmt nicht, was du da von mir sagst. Du sagst ,Ich bin *gar nicht* dumm', die anderen sagen ,Ich bin *ganz* dumm', jetzt weiß ich, was stimmt: Ich bin ein *bißchen* dumm. In Mathe, da kann ich doch alles, da bin ich nicht dumm. Aber im Schreiben und Lesen, da bin ich langsamer und viel schlechter als die anderen. Siehst du, und deshalb bin ich – ein *bißchen* dumm."

So einfach und so traurig war das also! Das, was wir als Diskrepanzen (Unterschiede) bezeichnen, von guten bzw. hohen Denkleistungsergebnissen und schwachen bzw. versagenden Schriftspracheleistungen, das bezeichnete er als „ein *bißchen* dumm"! Bei dem verunsicherten Kind mußte ich also vorweg die Selbstzweifel ausräumen. Daß er doch nicht ein *bißchen* dumm ist, das hat er in der Zwischenzeit schon selbst festgestellt.

Legastheniker sind meist nicht nur von einer Teilleistungsschwäche betroffen. Oftmals tauchen gleichzeitig mehrere Defizite auf. Entsprechend der Bündelung mißt sich auch der Schweregrad und das Ausmaß einer Legasthenie.

Als Ursache sind inzwischen eine Reihe von minimalen Ausfällen (Teilleistungsstörungen in den Wahrnehmungsbereichen) bekannt.

Bei allen von Lese-Rechtschreibschwäche betroffenen Kindern sind augen- und ohrenärztliche Untersuchungen *dringend* anzuraten. Auch wenn die Ausfälle noch so gering sind, geraten diese Kinder in immense Schwierigkeiten, weil das Umfeld (Schule/Elternhaus) ,normale' Anforderungen an die Kinder stellt und ihnen ihr Unvermögen als fehlenden Willen, Unkonzentriertheit oder Faulheit anlastet.

# Fehlsichtigkeit

Reguläre augenärztliche Untersuchungen bekunden oftmals keine Kurzsichtigkeit, keine Weitsichtigkeit oder kein Schielen bei den Kindern, die dem Augenarzt aufgrund ihrer Leseproblematik vorgestellt werden.

Wenn aber das *beidäugige Sehen* nicht korrekt gelingt, können diese Kinder Schwierigkeiten haben beim Unterscheiden der Buchstaben „a-o", „r-n-v", „u-n-m" usw., oder sie lassen Oberzeichen aus („i-Punkte", „t-Striche" u.ä.). Durch diese minimale Störung der optischen Feinsteuerung wird das Wortbild unscharf wahrgenommen. Die Zeilen rutschen von oben nach unten, die nebeneinanderstehenden Buchstaben gehen ineinander über. Diese Störung kann für kurze Zeit mit Anstrengung ausgeglichen werden. Dabei neigen sich die Schüler/-innen tief über den Lesestoff, reiben sich die Augen, klagen über Kopfschmerzen, mühen sich krampfhaft beim Lesen ab, werden zu Leseverweigerern, oder sie greifen im Selbstschutz zu Täuschungsmanövern und lernen ganze Fibeltexte auswendig. In vielen Fällen bemerken sogar zuerst die Mütter das Leseversagen ihrer Kinder und nicht die Lehrkräfte. *Ohne Anleitung für ein gezieltes häusliches Üben* tragen Mütter oft ungewollt in ihrer Hilflosigkeit durch ständiges „Lesenüben" noch weiter zum Auswendiglernen der Fibeltexte bei.

Auch eine Wiederholung der ersten Klasse bringt manchen Kindern keine Hilfe, weil z. B. die Fibeltexte vom Vorjahr noch einmal auswendig „gelesen" werden (Bundesverband Legasthenie 1987). Eine sorgfältig angepaßte Lesebrille hat schon bei manchen dieser leidtragenden Kinder einen Stolperstein im Lese-Lernprozeß beseitigt und damit überhaupt erst ein Lesenlernen ermöglicht. Pädagogische spezielle Lesehilfen müssen selbstverständlich fortlaufend auch weiterhin angeboten werden.

# Fehlhörigkeit

Fachärztlichen Untersuchungsberichten zufolge liegt bei einer Vielzahl der Kinder, die dem Hals-Nasen-Ohrenarzt aufgrund einer Rechtschreibproblematik vorgestellt werden, keine organische Hörbeeinträchtigung (z. B. Schwerhörigkeit) vor.

Durch Audiometermessungen bzw. aus Berichten von Landesbildungszentren für Hörbehinderte wird eine Hörverarbeitungsschwäche benannt. Es gibt demnach Laufzeitdifferenzen zwischen den Höreindrücken beider Ohren. Der akustische Wahrnehmungseindruck muß verzerrt sein (so ähnlich wie bei einem unscharf eingestellten Sender im Radio). Vermutlich ist diese akustische Reizverarbeitungsschwäche (Fehlhörigkeit) Ursache dafür, daß die davon betroffenen Kinder kurzes „u" und „o" im *Hören* nicht voneinander unterscheiden können. Fälschlich erhört werden auch die Vokale „i-e" oder die ähnlich klingenden Konsonanten „g-k"; „d-t"; „b-p"; „m-n"; „s-z-ß-sch" usw. Als Folge davon kann es zu Störungen in der Rechtschreibung (Versagen im Diktat) kommen, besonders dann, wenn zu schnell diktiert wird oder der Schallpegel in der Klasse zu hoch ist. Ein gutes Gehör ist Voraussetzung für eine gute Entwicklung der Lese-Rechtschreibfertigkeit. Ein schlechtes Gehör wird oftmals als Verursacher einer verspäteten Entwicklung angesehen, die im Schulalter zu Lese-Rechtschreibstörungen führen kann (vgl. Verbände und Selbsthilfegruppen).

Einige Schalltherapeuten praktizieren seit Jahren ein spezielles Hörtraining, das zwar wissenschaftlich noch nicht anerkannt ist, aber in vielen Fällen bei den Betroffenen wirksame Hilfe leisten konnte (Notdorf). Die Vermittlung von pädagogischer Lernhilfe ist selbstverständlich auch weiterhin in der Lerntherapie erforderlich.

## Sprachauffälligkeiten

Kleine Sprachauffälligkeiten können gleichfalls die Lese-Rechtschreibfolge fehlerhaft werden lassen (z. B. schwache Artikulation, verwaschene Aussprache, Auslassungen, Hinzufügungen, dialektale Eigenarten). Neben entsprechenden pädagogischen Hilfen ist ein vorbildliches Sprachbeispiel der Eltern und der Lehrer besonders hilfreich. Große Sprachauffälligkeiten gehören in die Fachbehandlung eines Logopäden oder Sprachheillehrers. Eine Sprachheilbehandlung sollte nach Möglichkeit noch vor Schuleintritt erfolgen (Breuer/Weuffen 1988, Eimecke 1992). Etwa ein Jahr vor Schuleintritt ist sie besonders erfolgversprechend, weil das angehende Schulkind jetzt schon erkennen kann, wie Lernerfolge – auch durch eigene gute Mitarbeit – zu erreichen sind.

Bei vielen sprachgestörten Kindern zeigt sich zusätzlich eine motorische Ungeschicklichkeit. Auch hier kann eine gute Bewegungsschulung auf die Sprachstörung einen positiven Einfluß nehmen. Im Spiel-, Bewegungs- und Sportunterricht können ebenfalls Ausfälle in der Bewegung, der Wahrnehmung und der Raumorientierung erkannt werden. Musik, Tanz, Lied und Spiel bieten vielfältige Bewegungsanlässe und entsprechen dem spontanen Bewegungsbedürfnis der Kinder (Zimmermann 1987, Zimmer 1992, Notdorf 1993).

Trotz einer erfolgreich abgeschlossenen Sprachtherapie sind manchmal Restsymptome bei den Kindern zu erkennen, die durch ihre Rechtschreibprobleme auffallen.


## Raumlageunsicherheit

Durch eine andere zentrale Störung gelingt die Unterscheidung der spiegelbildlichen oder gedrehten Buchstabenformen nicht („ie-ei", „b-d", „g-q-p"). Diese Störung läßt sich am besten beim Lesen einzelner dargebotener Wörter und auf der zweiten Klassenstufe beobachten. Erfahrungsgemäß kommen solche Verwechslungen bei Schulanfängern häufig vor, bis sich allmählich durch entsprechende Übungen die Richtungen der Buchstabenformen angepaßt haben. Es gibt aber Kinder, bei denen solche Verdrehungen – trotz aller Übungen – über das 2. und 3. Schuljahr hinaus mit erstaunlicher Hartnäckigkeit weiterbestehen bleiben und den Lese- und Schreiblehrgang behindern. Wenn Legastheniker entsprechend trainiert werden (Lesepfeil, Pilotsprache), lernen sie zunehmend, solche Fehler zu kompensieren (auszugleichen). Diese Fehler kommen aber vereinzelt immer wieder vor und sind selbst bis ins hohe Alter in Briefen von Legasthenikern nachzuweisen.

## Dyskalkulie

Bei diesen in der Raumlage verunsicherten Kindern können sich ihre Teilleistungsschwächen in der Rechts-Links-Orientierung auch auf den Mathematikbereich auswirken. So kann diese Raumorientierungsschwäche das Ziffernschreiben beim Rückwärtszählen (besonders an den Zehnerübergängen) und beim Subtrahieren erschweren. Schwierig ist auch der Erwerb von Zahlenbegriffsbildungen und der Aufbau des Zahlenraumes. Das Veranschaulichen mit entsprechendem Lernmaterial, das Begleiten mit dem Finger, das *Fingerrechnen* müssen so lange erlaubt bleiben, bis auch diese Lernbarriere – möglicherweise eine Dyskalkulie – überwunden ist (Grissemann 1973, Hackler 1989, Atzesberger 1990). Auch das Rechnen ist eine grundlegende Voraussetzung für eine erfolgreiche Schullaufbahn und für eine spätere Berufswahl. Selbst im Zeitalter des Computers und des Taschenrechners gehören die Beherrschung der Grundrechenarten und das Einmaleins zu einem unverzichtbaren Fertigbestand. Weil man Aussagen über die intellektuelle Leistungsfähigkeit eines Schülers gern aus dem Mathematikunterricht ableitet, ist hier ein Früherkennen und Frühbehandeln von Rechenstörungen ebenfalls unerläßlich (vgl. Verbände und Selbsthilfegruppen).

Weitere Hinweise über Denkfähigkeit, besondere Interessen und mögliche spezielle Begabungen des Schülers können dem beobachtenden Lehrer auch aus dem *Sachunterricht* vermittelt werden.

## Störungen im Richtungs- und Reihungssinn

Kinder mit Raumlagestörungen haben oftmals einen gestörten Richtungs – und Reihungssinn. Sie benötigen auch dafür ebenfalls allergrößte Hilfe und Verständnis. Um Ordnungsverhalten und Sauberkeitsempfinden zu erreichen, verlangt dies von Lehrkräften ein besonderes Maß an Fingerspitzengefühl und Beispielhaftigkeit. Kinder beobachten genau, und sie beurteilen sehr kritisch – manchmal sogar lautstark. Doch auch Lehrer sind nur Menschen, und Menschen unterlaufen nunmal Fehler. Das offen zuzugeben, macht vieles leichter. Die katastrophale Unordnung dieser Kinder beruht darauf, daß sie sich noch nicht räumlich zurechtfinden. Das muß ihnen genauso vermittelt werden, wie das richtige Einhalten in der Reihenfolge der Buchstaben. Das Setzen von I-Punkten, von Ober- und Unterzeichen (Buchstabenformen, die ober- und unterhalb der Zeile gehören), das Vermeiden von Eselsohren, das Verwenden von Löschblättern, das Sauberhalten des Arbeitsplatzes usw. will nachhaltig gelehrt sein. Was im Anfangsunterricht nicht vermittelt wurde, ist schwer in den nächsten Schuljahren wieder aufzuholen.

## Umstellung von Linkshändigkeit

Fachberichten zufolge gibt es einen breiten Mittelteil von Beidhändern und eine Minderheit ausgeprägter Links- bzw. Rechtshänder.

Durch den ,Rechtsdruck', den Kultur und Erziehung ausüben, entwickeln sich Beidhänder komplikationslos zur Rechtshändigkeit, während die Linkshänder, allen Einwirkungen zum Trotz, ihre Anlage bewahren. Der anlagemäßige Rechtshänder oder problemlos trainierte Beidhänder reiht gedanklich ganz automatisch und deswegen auch sehr schnell von links nach rechts. Die umgekehrte Reihenfolge gilt für den Linkshänder. Bei einer *gewaltsamen Umstellung muß es zu einer Schaltstörung im Gehirn kommen,* zu einem Umweg, zu einer Verlangsamung, zu einer Behinderung wichtiger Sinnesfunktionen. Als Folge davon haben die Schüler nicht nur besondere Schwierigkeiten beim Erlernen des Lesens, Schreibens und Rechnens, sondern oft kommt es auch zu psychischen Störungen wie Bettnässen, Stottern und dergleichen mehr. Programmierte Linkshänder verraten sich oft in urplötzlichen Situationen, in denen die Kraft *einer* Hand verlangt wird (Nageleinschlagen, Ballfangen, Zähneputzen, Kartenausteilen, Fernrohrsehen usw.).

Von grundlegender Bedeutung ist, daß die Zusammenarbeit der beiden Großhirnhälften, die unterschiedliche Aufgaben zu erfüllen haben, gut harmonisiert. Während man der linken Hirnhälfte mehr die Steuerung der sprachlichen Funktionen, der Handschrift, des einfachen Zahlenverständnisses zuordnet, mißt man der rechten Hemisphäre mehr die Entwicklung für künstlerische, musische, kreative Fähigkeiten, räumliche Empfindungen, mathematisches Zahlenverständnis usw. zu. Was die eine Hirnhälfte steuert, wird praktisch von der anderen kontrolliert.

Viele Kinder haben bis Ende der Kindergartenzeit bzw. im Anfangsunterricht noch keine Bewegungs- und/oder Handdominanz (Vorherrschaft) entwickelt. Sie geraten in besondere Schwierigkeiten, die in den Lehrplänen geforderten Aufgaben (die einmal die Fähigkeiten der linken, ein andermal die Funktionen der rechten Gehirnhälfte beanspruchen) zu erfüllen. Gerade diese Kinder benötigen häufig und langfristig Anschauung und Bewegung. Sie wollen etwas erfühlen, ertasten, be-greifen, um es damit ganz in sich aufnehmen, verarbeiten und wiedergeben zu können (Meister Vitale 1993).

## Schreibprobleme

Das Schreibenlernen ist die komplizierteste Fertigkeit, die ein Grundschüler zu erlernen hat. Nicht bei allen Erstkläß- lern ist die feinmotorische Fähigkeit gleich gut entwickelt. Kritiker behaupten, daß der Schreibunterricht immer noch das Fach des Schulanfangs sei, das die meisten Tränen verur- sache. Kein Kind erlernt das Schreiben in gleicher Weise wie ein anderes. Die Schreibergebnisse der Schüler/-innen wer- den von Anfang an persönliche Merkmale und Unterschiede zeigen – anders als beim Lesenlernen und Rechnen. Schreib- maschine, Computer und Telefon haben die Bedeutung des Schreibens mit der Hand eingeschränkt. Und doch ist die Handschrift als Gebrauchs- und Notizschrift unentbehrlich; sie gilt als „Aushängeschild" eines Menschen; in der Schule ist sie Voraussetzung für erfolgreiches Lernen.

Wenn das Schriftbild unregelmäßig, verschmiert, zu klein oder zu groß ist, dann müssen zuerst Ursachen wie z. B. fein- motorische Störungen, körperliche Probleme, Hyperaktivi- tät, chronische Konfliktbelastungen oder Raumlageschwie- rigkeiten des Kindes aufgeklärt werden. Wenn die Bleistift- haltung von links nach rechts wechselt, wenn die Schriftfüh- rung verkrampft ist, wenn sich Schreibkatastrophen abzeich- nen, dann kann ihnen durch Anordnungen, wie z. B. „Noch- mals abschreiben!" nicht abgeholfen werden. Die Grundursa- chen müssen aufgedeckt werden. Das schriftliche Kritisieren, das Hochzeigen handschriftlicher Kinderarbeiten ist blama- bel – besonders im Vergleich mit anderen Klassenkameraden – und muß das kindliche Selbstwert- und Schamgefühl ver- letzen. Als Aufgaben zur Früherkennung und Vorbeugung müßten sich folgende Konsequenzen für den Schreibunter- richt ergeben: – Großformatiges Papier verwenden; später DIN-genormte Hefte anbieten; keine Liniatur „erzwingen"; wenn nötig, Linienblatt einsetzen. Nicht einengen, aber auch nicht aufdrängen! Nicht antreiben, sondern Eigenrhythmus finden lassen!

Auch beim *bildnerischen Gestalten* kann man Ausfälle der

Kinder beobachten (aber auch besondere Begabungen erfassen). Bei den mannigfaltigen Angeboten dieses Aufgabenbereichs wird die Koordination von Auge, Hand, Material und Handwerkzeug geübt. Die Muskulatur beider Hände wird in besonderer Weise trainiert und ein gezieltes Augenmaß gefordert. Beim farbigen Ausmalen wird der Sinn für Gestaltung und Form weiter ausgeprägt. Wenn Kinder in der Schrift sicherer werden, schreiben sie auch schneller, und sie schreiben auch gern schöner. Schönschreiben als Unterrichtsfach hätte mit Sicherheit auch heute wieder seine Berechtigung (Heermann 1985).

## Hyperkinetisches Syndrom

Bei vielen dieser betroffenen Kinder hat man solche mit einem hyperkinetischen Syndrom entdeckt. Durch eine kurze Aufmerksamkeitsspanne, mangelnde Ausdauerfähigkeit, sprunghafte Impulsivität versagen sie oftmals – trotz guter Intelligenz – in der Schule. Diese Kinder springen nicht etwa im Klassenzimmer herum, weil sie das so mögen, sondern weil ihnen ihr Gehirn außer Kontrolle gerät. Sie können deshalb auch nicht verstehen, was ihnen der Lehrer/die Lehrerin in bezug auf Aufmerksamkeit beibringen möchte. Sie reagieren oft heftig und überempfindlich. Ihr Gehirn braucht mehr dauernde sensorische Stimulation. D.h., es braucht wechselnde, starke und neue Sinnesreize (akustische, optische, motorische u. a.), um angemessen funktionieren zu können. Solche Kinder suchen ständig neue Reizquellen, was oft Aggressivität zur Folge hat. So geraten sie auch ständig in zwischenmenschliche Konflikte (Eichlseder 1987, Hoffmann 1989).

Daneben zeigen sich häufig schreibmotorische Schwächen, Störungen der Bewegungskoordination, Zeilenschwankungen, unklare Schrift, dunkle düstere Kinderzeichnungen, schlechtes Wortbildgedächtnis, ja sogar Störungen im Sprachbewegungsfluß (Stottern).

Diese „Zappelphilippe" werden meist zwangsläufig mit Opfern von Erziehungsfehlern verwechselt. *Sie benötigen dringend ärztliche Hilfe und Verständnis ihres Umfeldes, einschließlich ihrer Lehrkräfte.* Vielen Berichten zufolge kann diesen Kindern durch eine reizstoffarme Kost (Rosival 1993) wirksam geholfen werden. In mehreren Fällen ist auch medikamentöse Hilfe geboten, um noch größere Folgeschäden in bezug auf Sozialisation und Persönlichkeitsstruktur bei Heranwachsenden zu verhindern.

## Milieufaktoren

Häuslichen Umständen wurde in der Ursachenbetrachtung vorübergehend starke Bedeutung beigemessen (Valdin 1972, Schenk-Danzinger 1973, Schlee 1976). Selbstverständlich werden Kinder, die unter günstigen, anregungsreichen häuslichen Bedingungen aufwachsen, einen positiveren Verlauf in ihrer Gesamtpersönlichkeitsentwicklung erfahren können, als solche, die man als „vernachlässigt" bezeichnet. Aber gerade diese Benachteiligten nehmen um so dankbarer verständnisvolle Hilfe von Lehrkräften an, bei denen sie ein Angenommenwerden erkennen können. Vielleicht lernen sie in der Schule zum ersten Mal in ihrem jungen Leben die „drei Z" kennen: Zärtlichkeit, Zuwendung, Zeit (Schimmöller 1992) und erlangen dadurch Lernerfolge, die zugleich Lebenserfolge bedeuten können. „Wir wissen noch nicht endgültig, wie unser Gehirn lernt", so argumentieren Wissenschaftler. Aber, daß Gefühle dabei auch eine große Rolle spielen, das kann ich als Praktikerin versichern.

Lehrkräfte haben keine Handhabe, Elternhäuser zu verändern. Umgekehrt besitzen Eltern auch keine Möglichkeit, Schule ihren Wünschen anzupassen. Es besteht nun einmal die Schulpflicht, die viele Bedingungen für Eltern und Schulkinder enthält. Wenn aber z. B. unter Diktaten Zusätze stehen wie: „Du mußt mehr üben, wenn Du mehr geübt hättest, dann ...", so enthalten diese Formulierungen zugleich auch

Vorwürfe gegen Elternhäuser, die möglicherweise selbst unter einer LRS-Problematik leiden.

Mir sind in meiner jahrelangen Erfahrung aus Schule und Therapie unzählige von LRS Betroffene begegnet, die aus den verschiedensten Wohnbereichen kamen und aus *allen* Gesellschaftsschichten stammten.

## Erbliche Legasthenie

In Anamnesegesprächen erzählen oftmals Mütter nicht nur von Schwierigkeiten während der Schwangerschaft, Komplikationen bei der Geburt oder Krankheiten in früher Säuglings- und Kleinkinderzeit des betroffenen Schulkindes, sondern auch nicht selten von eigenen Lese-Rechtschreibproblemen. Selbst von ähnlichen Problemen bei Verwandten oder beim Vater des Kindes wissen sie zu berichten.

Bei meiner langjährigen Erteilung von Förderunterricht konnte ich in den verschiedensten Schulklassen Geschwisterreihen von Familien beobachten, die auf der einen Seite von LRS betroffen waren, auf der anderen Seite mit beachtlichen Talenten und Begabungen überraschten.

In seinen Beiträgen „Legasthenie aus der Sicht der Genetik" skizziert Jörgensen das gehäufte Vorkommen von Legasthenie in den Familien der Betroffenen (1980, 1982, 1983): „Es spricht nichts gegen eine genetische Basis (Disposition) – in welchem Umfang auch immer – auch bei diesen Familien."

Weinschenk berichtet von einer „erblichen Lese-Rechtschreibschwäche und ihren sozial-psychiatrischen Auswirkungen" in seinen Veröffentlichungen zu dieser Problematik (1976).

## Einseitige Begabungsstrukturen

Nach Ergebnissen und Erkenntnissen der hirnanatomischen Forschung gibt es hochintelligente Legastheniker mit *einsei-*

*tigen Begabungsstrukturen.* Durch Einwirkung eines männlichen Hormons (Testosteron) soll es zu einem schnelleren Wachstum der rechten Hirnhälfte kommen, während die sprachlichen Funktionen der linken Hirnhälfte verzögert sind. Unter diesen Hochbegabten finden wir viele konstruktive, naturwissenschaftliche, technische, kreative und musische Talente (Heinbokel 1988, vgl. Verbände und Selbsthilfegruppen).

Wir dürfen dieses wertvolle Begabungspotential nicht einfach – wegen seiner Lese-Rechtschreibproblematik – „aussortieren", sondern müssen es im Gegenteil voll „ausschöpfen".


## Sinnvolle Hilfen für Legastheniker

Da Legasthenie stets unterschiedlich ausgeprägt und von verschiedenen Ursachen und Umständen abhängig ist, sollte jeder Hilfe eine umfassende Erkundung des Einzelfalles durch eine ausgebildete LRS-Fachkraft *vorausgehen.* Diese Kinder brauchen vor allem Problemverständnis von Lehrkräften und Eltern.

Sie benötigen Berücksichtigung ihrer Lese-Rechtschreibschwäche in den Sachfächern und Fremdsprachen, Motivationshilfen und Aussetzung der Benotung in Rechtschreibung.

Vermehrtes Üben oder normale Nachhilfe sind wenig hilfreich. Dagegen ist ein spezieller Förderunterricht mit besonders dafür ausgebildeten Lehrkräften oder eine außerschulische Therapie erfolgversprechend.

Erfahrungen zeigen, daß bei frühzeitiger Feststellung der Legasthenie und einer umfassenden Hilfe durch Teamwork (Eltern, Lehrer, Ärzte, Therapeuten) auch aus bauch- und kopfschmerzgequälten Kindern erfolgreiche Menschen werden können. Auch Legastheniker haben damit die Möglichkeit, einen entsprechenden schulischen Erfolg zu erreichen. Ohne Hilfe allerdings stehen sie in einer von Wort und Schrift beherrschten Gesellschaft überall auf verlorenem Posten – in Schule, Familie, Beruf und sonstigem menschlichen Miteinander.

Wenn das Bündel der Lernausfälle eines Kindes so groß ist, daß es z. B. Sprachschwierigkeiten, Augen- und Ohrenprobleme, feinmotorische Verzögerungen, Raumlageunsicherheit, Hyperaktivität – mit nachfolgenden Verhaltensstörungen – umfaßt, wie schwer ist es dann für eine Lehrkraft, allein mit ihren schulischen Möglichkeiten hier wirkungsvoll zu helfen.

Doch das Verständnis der Lehrkräfte für ein solches Kind *ist schon ein Teil der Hilfe.*

Und wenn die Zusammenballung der Lernprobleme nun aus der Sicht des von LRS Betroffenen betrachtet werden, dann können wir seine riesengroßen Versagensängste verstehen und seine Hilfeschreie wahrnehmen.

Auch Eltern, die das Problem erkennen und ihre Erfahrungen weitergeben an andere, leisten *schon einen Teil von Hilfe.*

## Interdisziplinäre Zusammenarbeit

Helfen wir also alle mit – in interdisziplinärer Zusammenarbeit – die Lese- und Rechtschreib*not* eines begabten (*nicht* dummen, *nicht* faulen) lese-rechtschreibschwachen Kindes zu verhindern!

# 5 Früherkennen und Frühbehandeln von Lernschwierigkeiten

Einige Falldarstellungen sollen im folgenden einen Einblick in diese Problematik gewähren.

Dabei ist es gar nicht so wichtig festzustellen, *daß* ein Kind nicht lernen kann, sondern herauszufinden, *warum* es Lernschwierigkeiten hat, *weshalb* es sich lernauffällig verhält und *wie* man ihm helfen kann.

Denn Lernerfolge – gerade im Schulanfang – sind für *alle* Kinder Lebenserfolge.

## 1. Fallbeispiel: „Ach, der ist doch doof!" – Lernbehinderung

Die Erfindung eines „Nürnberger Trichters", der Buchstaben in den Kopf trichtert, einfüllt, ist auch noch keiner Lehrkraft gelungen.

Doch durch Verständnis und unter Mithilfe seines Klassenverbandes kann auch ein lerngestörtes Kind zum Lernen (in diesem Fall zum Lesen) gebracht werden.

Es war an einem der ersten Schultage im Anfangsunterricht. Die Kinder sollten mir einfach nur ihren Vornamen nennen, oder diesen auf den Wortkärtchen an der Wandtafel wiederfinden. Allen gelang irgend etwas, nur ein Kind blieb auf seinem selbstgewählten Platz – bei ihm war es (noch) die letzte Bank – sitzen. Es war ein sehr kleiner Junge (ich stellte in seinen Unterlagen fest, daß er trotzdem der Klassenälteste war). Sein Äußeres wirkte ungepflegt, starke Geruchsausdünstungen gingen von ihm aus, seine Nase tropfte unablässig, und mit dauerhaft geöffnetem Mund starrte er mich an – fast

unbeweglich. „Na, wie heißt du denn mit Nachnamen?" –
Schweigen! – „Och, der ist doch doof! Das war schon im Kindergarten so! Den brauchst du nicht zu fragen." – Mich schüt-
telte es! Kinder können grausam sein! Ich holte mir schnell-
stens mehr „Hintergrundwissen" ein: Hansi stammte aus einem sehr ungünstigen häuslichen Milieu. Die Mutter fühlte
sich mit der Versorgung ihrer großen Kinderschar völlig überfordert. Bei meinem gleich folgenden Hausbesuch bat ich sie
eindringlich, dieses Kind fachärztlich untersuchen zu lassen.
Mein Mann und ich fuhren das Kind selbst zum Arzt, weil die
Mutter keine Möglichkeit dazu sah. Die kinderärztliche Untersuchung und ein EEG-Befund bestätigten auch meinen
Verdacht: Eine hochgradig krankhafte Hirnstromkurve. Dem
Elternhaus war die Krampfaktivität bislang völlig entgangen.
Von dem sofort verordneten Medikament war zwar keine
Heilung zu erwarten, aber zumindest sollte eine weitere Ver-
schlimmerung verhindert werden. Die jetzt eingesetzte Fa-
milienpflegerin sorgte dafür, daß die Arznei regelmäßig ver-
abreicht wurde.

Mit der ärztlichen Beurteilung waren auch die Gesamtaus-
fälle des Kindes richtig einzuordnen: Seine äußerlich sichtbare Verzögerung, seine karge sprachliche Ausdrucksfähigkeit (er vermochte nur in abgehackten Sätzen zu sprechen),
der Mangel an Ausdauer und sein Versagen im schulischen
Bereich.

Doch ich mußte dem Kind auch im Schulalltag helfen:
Liebe und Verständnis allein reichten nicht aus. Es galt also,
der Klasse klarzumachen, was mit ihrem Mitschüler los war.
Ein Zufall kam mir zu Hilfe: Hansi wurde plötzlich krank.
Da erzählte ich diesen Kindern sehr anschaulich vom Ge-
sundsein und vom Krankwerden, und daß das Letztere jedem
passieren könne. Auch ein Auto-, Fahrrad- oder Spielunfall
könne z. B. eine Verletzung am Gehirn verursachen. Hansi
bekomme jetzt Tabletten, und damit könne er bald schneller
antworten. Aber in seinem „Herzchen" sei er *auch* noch
krank, weil *sie* ihn so oft ausgelacht hätten. – An diesem Tag
gingen die Kinder nachdenklich nach Hause.

Als Hansi am übernächsten Tag wiederkam, freuten sie sich sichtbar darüber. Keiner lachte ihn mehr aus, nach Möglichkeit wollte sogar jeder einmal neben ihm sitzen. Und wenn er – wie so oft – sein Frühstücksbrot vergessen hatte, dann brauchte ich nicht mehr einzuspringen. Die Kinder wollten ihm etwas von ihren Butterbroten abgeben.

Der Junge blühte zusehends auf. Der Sportunterricht bereitete ihm jetzt noch mehr Freude, und beim Schwimmen jauchzte er (und die anderen auch), wenn er sie naß spritzte. Beim Basteln zeigte er ein gewisses Geschick und mit Hilfe der Schüler und seiner tatsächlich ansteigenden Geduld konnten wir bald seine „Kunstwerke" bestaunen. Seine Zeichnungen (Krakeleien mit düsteren Farben) wurden trotzdem – auf Verlangen aller – *zuerst* an den Klassenzimmerwänden angebracht.

Bei der obligatorischen „Stillarbeit", die sonst keiner unterbrechen durfte, wurde nur bei Hansi eine Ausnahme toleriert. Mit dem Zeigefinger auf dem Mund, liebevollen Gesten und entsprechender mimischer Begleitung wurde er „gelenkt". Ich brauchte auch hier nicht in Aktion zu treten. Auf dem Schulhof (der Junge wurde dort oftmals von den Größeren wegen seines gnomenhaften Aussehens verlacht) schirmte ihn die ganze Klasse (Jungen und Mädchen) ab.

Im Rechnen vermochte Hansi zuerst an den Kindern der Klasse, danach an seinen Fingern und allmählich auch an anderen Spiel- und Anschauungsgegenständen bis „fünf" vorwärts zu zählen. Rückwärts gab es Schwierigkeiten, und mehr als „Drei" konnte er nicht überschauen. Dem Erstleseunterricht vermochte er (erwartungsgemäß) nicht zu folgen. Er zeichnete hier einige Schwungübungen nach oder spielte mit Buchstabenformen, denen er aber keine Bedeutung zuordnen konnte. In seinem Beobachtungsbogen (Soremba 1986) waren praktisch alle Rubriken durchgängig gekennzeichnet, die seine Ausfälle aufdeckten. Nur die Spalte „Besondere Begabung" blieb leer (ich hätte hier kennzeichnen können, daß es ihm gelungen war, bei uns *allen* für ihn Liebe und Verständnis zu gewinnen).

Bei dem Schüler, bei seinem Lernverlauf erschien also eine Überprüfung auf Sonderschulbedürftigkeit dringend notwendig.

Aufgrund meiner Zusatzausbildung zur LRS-Diagnostikerin nahm ich bei ihm – im Rahmen der Überprüfung seiner Lese-Rechtschreibproblematik – auch eine Intelligenzmessung vor. Das Ergebnis erbrachte einen unteren Wert. Ich bat meinen Schulleiter um einen Unterrichtsbesuch zur Beobachtung dieses Kindes im Unterrichtsgeschehen. Auch er schloß sich meiner Beurteilung an.

Trotz allem wollte ich mich am liebsten nicht von dem kleinen Kerlchen, das wir alle so lieb gewonnen hatten, trennen. Doch ein Egoismus, ein falschverstandenes „Liebhaben" durfte hier nicht gelten. Der Junge mußte im Rahmen seiner geistigen Anforderungsebene und der sonstigen Befähigungen gefördert, für sein weiteres Leben vorbereitet werden. Das konnte wahrscheinlich nicht mehr die Regelschule leisten, sondern sollte ihm die Sonderschule für Lernbehinderte ermöglichen.

Die Überprüfung durch einen Sonderschullehrer bestätigte ebenfalls die Sonderschulbedürftigkeit dieses Kindes. Doch mir war nicht wohl bei dem Gedanken, daß ich ihn ohne jegliche Lesekenntnisse entlassen sollte.

Ich hatte einen „gemischten" Leselehrgang gewählt, beginnend mit einem synthetischen Aufbau (vom Buchstaben ausgehend). Erstkläßler können nach jeder Methode das Lesen erlernen, doch bei einem synthetischen Lehrgang können Leselerndefizite *rasch* bei *allen* Kindern erkannt werden. Die Kinder der Klasse kamen schnell im Lesen voran, doch bei ihm fruchtete nichts: keine Handzeichen, kein Einsatz des Kaspers, keine haptischen Übungen, keine Buchstabengeschichten (auch wenn er sie noch so gern hörte), kein noch so umfassendes „Lernen mit allen Sinnen" – rein gar nichts.

Und wieder kam mir ein Zufall zu Hilfe: Ich stieß auf ein Buch „Wie kleine Kinder Lesen lernen", von Glenn Doman, einem amerikanischen Neuropsychiater (1967). Danach waren auch bei hirnverletzten Kindern Lese-Lernversuche nicht erfolglos geblieben.

Und so fing ich noch einmal von vorn an: Wörter waren bestimmten Symbolen zuzuordnen. Ich besorgte mir von Hansi und von seinen Familienangehörigen Fotografien, heftete sie an die Filztafel und klebte die passenden Wortkärtchen (mit ganz großen Druckbuchstaben) darunter. *So* konnte er diese Wörter bald „lesen". Und er vermochte die Wörter *wirklich* zu lesen, auch wenn ich die Fotografien nach einigen Tagen weggenommen oder vertauscht hatte. Da wurde ich (und auch seine Mitschüler/-innen) immer stutziger. Jetzt brachten *sie* neue Symbole mit: Dinge aus der Umwelt, die Hansi schon kannte: Eimer, Ball, Auto, Katze usw., und sie schrieben in allerschönster Druckschrift auch die passenden Wortkärtchen dazu. Und dann übten, übten und übten sie mit ihm und freuten sich (umgekehrt auch er), wenn wieder etwas haften geblieben war, was *sie* ihm beigebracht hatten. Allmählich versuchte ich auch noch einige kleine „Häufigkeitswörter" einzuschmuggeln (und, der, ist, sie usw.), für die es allerdings keine Symbole gab. Doch auch diese erlernte er.

Ich weiß nicht, wer angesichts der Lernerfolge glücklicher war, die Klasse (die Hilfslehrer/-innen), das Kind selbst oder ich. Doch gleichzeitig dachte ich mit bangen Gefühlen daran, daß ich den Kindern beibringen mußte, daß Hansi im nächsten Jahr nicht mehr bei uns sein konnte.

Wäre jetzt nicht doch ein Verlängerungsjahr dieses Schülers im Unterricht bei mir angebracht gewesen? Ich sprach auch mit dem zuständigen Schulrat darüber.

Doch als ich – kurz vor den Ferien – operiert werden mußte, war der Gedanke wieder hinfällig geworden. Durch meinen Krankenhausaufenthalt konnte ich leider diesen Schuljahresabschluß nicht mehr mit der Klasse feiern und mein „Geständnis" nicht loswerden.

Als wir im nächsten Schuljahr alle wieder beisammen waren und nur Hansi fehlte, da war es für mich sehr schwer, diese Klasse davon zu überzeugen, daß für Hansi ein Schulwechsel notwendig geworden war.

Doch Hansi hatte die Klasse mit einem kleinen Leseguthaben und einem großen Liebesguthaben verlassen (die Familie ist nach einem Jahr fortgezogen, so daß ich den Jungen aus den Augen verlor).

Alle Kinder dieser Klasse konnten irgendwann einmal bei Hansi „Hilfslehrer" sein und haben mit diesem Gemeinschaftserlebnis erfaßt, daß Geben viel schöner ist als Nehmen. Dadurch, daß diese Kinder einem lernbehinderten Schüler *innerhalb* ihrer Klasse mit verständnisvoller Liebe helfen konnten, waren sie wesentlich in ihren Sozialerfahrungen bereichert worden. Den abstrakten Begriff „Solidarität" kannten die Kinder nicht, aber in einem selbstverständlichen Miteinander haben sie ihn praktiziert.

Was nützen noch so viele Förderstunden, noch so gute Lernprogramme, wenn ein lerngestörtes Kind unter dem grausamen Spott seiner Klasse zusammenbrechen muß.

Im anderen Fall, mit dem liebevollen Verständnis und unter Mithilfe seiner Klasse, kann selbst ein noch so lerngeschwächtes Kind erfahren, was Freude am Lernen bedeutet.

## 2. Fallbeispiel: Helga und die Kuschelpuppe – Seelische Unreife als Ursache einer Lernhemmung

Es ist normal und braucht nicht weiter zu beunruhigen, wenn einige der kleinen Schulneulinge noch ab und zu weinen, wenn sich z. B. am ersten oder zweiten Schultag ihre Mamis von ihnen verabschieden wollen und sie allein in der Klasse bei der unbekannten Lehrperson bleiben sollen. Meistens handelt es sich in diesen Fällen um Einzelkinder oder solche, die keinen Kindergarten besucht haben (doch dies wird immer seltener).

Dabei wird es einer einfühlsamen Lehrkraft mit liebevoller Zuwendung sehr schnell gelingen, einem solchen Kind die Angst zu nehmen und es in die Gemeinschaft einzuführen.

Anders war es aber im Falle der kleinen Helga. Zwar versiegten bei ihr am zweiten Tag die Tränen, doch im Unterricht wollte die Kleine nicht auftauen. Sie war die Kleinste und Jüngste in der Klasse und auf Antrag eingeschult. Ich setzte sie in die erste Bank und erlaubte ihr, täglich ihre Kuschelpuppe mitzunehmen, die sie sehr eng an sich gedrückt hielt. Dabei lutschte sie auch noch verstohlen an ihren Fingern. Die großen Augen dieses hübschen Kindes sahen mich bei allen noch so liebevollen Anfragen verschüchtert an, und nur zaghaft kamen seine Antworten. Diese waren allerdings stets richtig und bewiesen echte Denkfähigkeit.

Das Üben mit dem kleinen Kasper, dem meine Schulneulinge beim Lesenlernen helfen durften, brachte ihnen täglich große Freude. Wer kennt nicht die Begeisterungsausbrüche von Kindern – auch noch von größeren – wenn der Kasper kommt, und wenn sie den arglosen Kerl durch laute Zurufe vor dem bösen Räuber, Teufel, Krokodil, Hexe usw. warnen wollten.

Meine Erstkläßler durften diesem „Liebling der Kinder" nun auch täglich helfen, ihm nämlich das Lesen vermitteln. Am Anfang stellte er sich meist sehr tolpatschig an. Die Kinder mußten sich arg mit ihm beim Lernen abmühen, damit er zu guter Letzt doch noch seine Belohnung von seiner Gretel bekam: ihre guten Puddinge.

Auch das lernschwächste Kind übte fleißig vorweg (auch zu Hause), damit nach Möglichkeit durch *seine* Vermittlung dem Kasper das Erkennen von Buchstaben (z. B. „a" oder „o"), das Erhören von Lauten (z. B. „i" oder „e") das Zusammenschleifen von Silben (z. B. „m-a = ma") und das Merken von Wortbildern gelang.

Daß ich dabei – versteckt hinter der Tafel – mit verstellter Stimme die Rolle des Kaspers spielte, nahmen die Kinder einfach nicht wahr.

Der Kasper erzählte den Kindern seine Probleme. Sie halfen ihm gern. Dafür beschützte er die Kinder vor dem Verkehrsteufel im Verkehrsunterricht. Kasperl durfte nie im Unterrichtsgeschehen fehlen, auch nicht auf dem Klassenfoto des 1. Schuljahres.

Bei diesem Lernspiel herrschte eine „fruchtbare" (keine

furchtbare) Unruhe in der Klasse, wenn die Kinder bei Kaspers Lernerfolgen vor Begeisterung von den Stühlen sprangen und lautstark losjubelten.

Selbst bei diesem fröhlichen Treiben zeigte sich bei Helga keine spontane Eigeninitiative.

Ich war bedrückt und überlegte: Lag hier eine seelische Schulunreife vor? Sollte ich eine Ausschulung bzw. im nächsten Jahr eine erneute Einschulung vorschlagen, um gerade diesem jungen Kind noch ein Jahr seiner so lebensnotwendigen Spielphase zu gönnen, in der es sich verstärkt Grundlagen zu seiner Persönlichkeitsentwicklung aneignen konnte?

An einem der nächsten Schultage wollte Helga zu Beginn der großen Pause gar nicht von mir weichen und versuchte, mir etwas zuzuflüstern: „Frau Soremba, kannst du einen Kopfstand?" Erstaunt schaute ich die Kleine an. „Nein, Helga, das kann ich nicht, dazu bin ich viel zu ungeschickt." Ich mußte laut auflachen, als ich mir das bildlich vorstellte. „Aber ich kann es!" Mit ganz großen Augen und nickendem Köpfchen beteuerte mein „Puppenmädchen" sein Können. „Na, dann setz mal deine Puppe vorsichtig auf deinen Platz und mache es mir vor." Ich schob das Gestühl beiseite, und mit einer erstaunlichen Geschicklichkeit, Sicherheit und zugleich Anmut demonstrierte mir Helga ihr sportliches Können. Ich fiel in echte Bewunderungsrufe aus und klatschte vor Begeisterung spontan in die Hände. Helgas Augen leuchteten voll Stolz. „Helga, willst du dies auch den anderen zeigen?" Kräftig bejahend nickte sie. Erstaunt und mit offensichtlicher Bewunderung beklatschten anschließend auch ihre Klassenkameraden diese sportliche Leistung. Als einige „Alles-besser-Wisser" beim Nachahmen umkippten und besonders der vorwitzige Kasper auf die Nase fiel, war das Gelächter riesengroß, und am hellsten lachte diesmal das bislang so schüchterne kleine Mädchen. In der nächsten Unterrichtsstunde steckte Helga schon keinen Finger mehr in den Mund, und am folgenden Tag blieb auch die Puppe zu Hause. Diese hätte gestört, denn Helga sollte ihre Kunststücke täglich vor Beginn des Unterrichts vorführen.

Bislang begannen und beendeten wir den Unterricht mit einem Gebet, das die Kinder auch frei formulieren konnten. Den Mathematikunterricht eröffneten wir in der Regel mit einem Lied aus unserem umfangreichen Liedgutbestand. Musik in Form von Singen lockerte manche Unterrichtsstunde auf. („Heilen" mit Musik ist übrigens ein wesentlicher Bestandteil auch von Lerntherapie). In Deutsch- oder auch Sachunterrichtsstunden tauchten Gedichte, Zungenbrecher, Verse oder Reime zur Unterstützung des Lautbewußtseins auf. Nun aber hatten Helgas Kunststücke Vorrang, bis sie diese allmählich in den Sportunterricht verlagerte und sogar in den Pausen vor vielen neugierigen und begeistert zuschauenden Schüler/-innen auch anderer Klassen demonstrierte.

Helga war nun „mittendrin", voll anerkannt und gehörte nach und nach zu meinen besten Schülerinnen auf allen Gebieten. Heute besucht sie mit gutem Erfolg die Oberstufe eines Gymnasiums. Im Beobachtungsbogen (Soremba 1986) waren in den ersten Schulwochen die Rubriken „Verhaltensabweichungen" und ab und zu „Raumlageunsicherheit" gekennzeichnet. Nach dem „Kopfstandereignis" blieben diese Spalten leer, dafür füllte sich die Rubrik „Besondere Begabungen" durch das Sporttalent, die Sportbegeisterung und die kreative Gestaltungsfähigkeit des Mädchens.

Bei der Schülerin war keine Spur von Legasthenie vorhanden, nur eine kleine seelische Unreife, der rechtzeitig entgegengesteuert werden konnte.

Mit diesem Beispiel möchte ich auf die Wichtigkeit des genauen Beobachtens von Defiziten (Ausfällen) *und* Begabungen im Anfangsunterricht hinweisen.

Selbst kleine Verhaltensabweichungen (aggressiver oder regressiver Art) können zur Lernbremse werden (vgl. „Beobachtungsbogen für den Anfangsunterricht").

### 3. Fallbeispiel: Die Guten fordern, die Schwachen fördern – Schwere Entwicklungsverzögerung als Lernbremse

Die Problematik im folgenden Fall lag nicht etwa daran, daß ich zwei Kinder aus einer Familie in einem 1. Schuljahr zu unterrichten hatte, sondern daran, daß es sich hier im Lernen und Auffassen um zwei völlig unterschiedliche Kinder handelte. Monika, die jüngere Schwester, war auch die jüngste Schülerin (auf Antrag eingeschult) und auch zugleich die Kleinste und Zierlichste in der Klasse. Wenn man allerdings in ihre pfiffigen, strahlenden Augen sah, ihre motorische Beweglichkeit beobachtete und ihre sprachliche Gewandtheit hörte, dann wußte man: Hier war schon die volle sensorische Integration gegeben (Flehming 1983, Ayres 1984, Eimecke 1992).

Nicht so war es mit der älteren Schwester: Verena war die älteste Schülerin der Klasse und wiederholte – mit Einverständnis des Elternhauses – das 1. Schuljahr. Körperlich wirkte auch sie zart, doch nicht eigentlich unterentwickelt. Mit welch ängstlichen hilfesuchenden Augen sah sie mich *damals* bei der Einschulung an – und wie eng schmiegte sie sich an ihre Mutter! Ich spürte sofort: Dieses Kind brauchte meine *besondere* Hilfe!

Lassen wir die Mutter selbst zurückblickend schildern:

„Als unsere Tochter Verena eingeschult werden sollte, konnte sie es kaum erwarten und rannte schon tagelang vorher mit ihrem neuen Schulranzen herum. Sie freute sich sehr auf die Schule. Ich, als Mutter, hatte dagegen ein äußerst mulmiges Gefühl in der Magengegend, wenn ich an die Schule dachte. Nur zu gut wußte ich, daß unsere Verena nicht so weit war, wie andere Kinder in ihrem Alter. Sie hatte z. B. Schwierigkeiten, Namen und Wörter zu behalten, vergaß oft etwas, konnte nicht so gut malen und mit Legosteinen bauen, und es dauerte immer etwas länger bei ihr, bis sie die Sache, auf die es ankam, begriffen und verstanden hatte. Ihre Geschwister waren da weiter. Meine Befürchtungen in punkto Schule erwiesen sich leider als berechtigt. Selbstverständlich konnte Verena die Texte aus der Fibel bald ganz wunderbar ‚lesen'. Standen die gleichen Wörter und Sätze aber auf einem Zettel oder an der Tafel, konnte sie diese nicht entziffern. Im Schreiben und Rechnen waren ihre Leistungen nicht viel besser. Und dabei hatte ich täglich mit Verena geübt, wir hatten zusammen die Hausaufgaben gemacht und geübt, geübt und nochmals geübt, am Ende war trotzdem ‚alles für die Katz'.

Nachdem das 1. Schuljahr zu Ende war, gaben mein Mann und ich schweren Herzens die Einwilligung, daß Verena die Klasse wiederholte. Man konnte ohne Übertreibung sagen, Verena hatte in diesem Jahr so gut wie nichts gelernt. Das alles hat mir damals sehr weh getan, und ich habe viel geweint, obwohl das erst der Anfang der Schwierigkeiten war, die noch auf uns zukommen sollten. Die neue 1. Klasse, die Verena zusammen mit ihrer Schwester Monika besuchen sollte, übernahm Frau Soremba. Das war für unsere Tochter ein großes Glück. Diese tüchtige Lehrerin hat schon so manchem ‚hoffnungslosen Fall' das Lesen beigebracht. Sie hatte sich mit einer ganz besonderen Methode des Lesenlernens auf solche Kinder spezialisiert. Bei Frau Soremba war Verena wirklich in den besten Händen. Mit unendlich viel Geduld, Ausdauer und Einfühlungsvermögen hat sie es später geschafft, unserem Kind das Lesen beizubringen.

Frau Soremba hat es nicht nur verstanden, unserer Verena das Lesen zu vermitteln, sie hat nebenbei die ganze Klasse unterrichtet, hat den Teamgeist in der Klasse gefördert, hat alle Kinder dazu angehalten, lieb und freundlich miteinander umzugehen, sich gegenseitig zu helfen und Rücksicht zu nehmen. Sie hat unsere beiden Mädchen, die so verschieden waren, wie es selten bei Geschwistern der Fall ist, ganz individuell gefördert: unsere Verena, die so unwahrscheinlich viel Hilfe brauchte und auch unsere Monika, die immer alles gleich konnte, alles merkte und auch fast alles gleich wußte. Frau Soremba war stets bemüht, kein Kind zu vernachlässigen, auf jedes einzelne persönlich einzugehen ..."

Die Mutter hatte den Schulanfang und die problematische Situation der zwei unterschiedlichen Geschwister in einem Klassenverband richtig beobachtet. Verena litt unter großen Lernschwierigkeiten. Ihr fehlten nicht nur direkte, sondern auch indirekte Lernvoraussetzungen. Die Freude am Lernen, das Vertrauen in sich selbst mußten bei dem Kind geweckt werden.

Nur zögernd wollte Verena in den ersten Schulwochen allein erzählen. Schwierigkeiten gab es beim Unterscheiden von Lauten, die ähnlich klangen („i-e"; „o-u"; „g-k"; „b-p" usw.) und Buchstaben, die ähnlich aussahen („a-o"; „r-n"; „v-u" usw.), und einfache Wortbilder konnte sie nicht langfristig speichern. Das „Frühbehandeln" war einzusetzen. Der „gerade" Lernweg schien blockiert, andere Lernkanäle mußten Zusatzhilfe leisten.

Vester beschreibt in seinem Buch „Denken – Lernen – Vergessen" sehr anschaulich, wie unser Gehirn lernt und wann es uns im Stich läßt (1975). Es prägt sich vieles besser ein, wenn möglichst viele Sinne (Wahrnehmungskanäle) angesprochen werden.

So bereitete Verena z. B. das Lernen für den kleinen Kasper, dem *sie* etwas beibringen durfte, eine Riesenfreude ( das Mädchen konnte schallend loslachen, wenn sich Kasperl dabei so ungeschickt anstellte). Im Anwenden unserer Geheimsprache (der Handzeichen) gehörte sie bald zu den geschicktesten Schüler/-innen der Klasse.

Das Handzeichensystem (die Fingerlesemethode, die Phonomimik) ist keine eigenständige Lesemethode, sondern nur eine Unterstützung des Leselehrgangs, indem ein Laut durch ein optisches Zeichen (durch eine Handbewegung) zur gedächtnismäßigen Verankerung bis ins Langzeitgedächtnis gelangt. Kinder lernen gern, und sie lernen leichter, wenn Bewegung und Anschauung mit dabei ist. Lautgebärden sind unter den verschiedensten Bezeichnungen bekannt und fanden früher ihren Eingang in der Gehörlosen- und Schwerhörigenpädagogik. Das Wesen dieser Lehrweise besteht darin, daß die Sprachlaute durchweg von Schalläußerungen der Natur oder dem täglichen Leben begleitet oder – von den Kindern selbst – zwanglos herbeigeführt werden. Z. B. streicheln sich meine Schützlinge beim „Ei" weich über das Gesicht und beim „Au" zwicken sie sich fest auf den Handrücken. Nicht nur beim Gewinnen der Laute und beim Einprägen der Buchstaben, sondern auch beim Verbinden zu Silben und Wörtern werden diese Zeichen angewandt. Die Verwendung der Gebärde bringt es mit sich, daß innerhalb des Wortbildes der einzelne Laut lebendig, bewußt in der Vorstellung erhalten bleibt. Er kann auch gegebenenfalls leicht wieder abgerufen werden. Dies fördert auch außerordentlich die Rechtschreibung. So können nicht nur Lesefehler, sondern auch Schreibfehler unter Zuhilfenahme von Lautgebärden in jedem Fall berichtigt werden. Beim Diktat geben sie Kindern, die diese Gedächtnisstütze noch nötig haben, eine sofortige Hilfe, verhindern dadurch Falschschreibungen und ermöglichen dem Lehrer eine „stumme" Korrektur (Bleidick 1972, Dummer-Smoch 1983).

Auch im Lesen und Schreiben ging es schrittweise voran, und Verena wurde sogar eine gute Leserin. Nur das Erfassen von Mathematik war und blieb bei ihr sehr langsam, auch in den nachfolgenden Klassenstufen.

Nebenbei galt es herauszufinden, was dieses Mädchen *besonders gut* konnte, und dies mußte wiederum ihm selbst, auch der Schwester und der Klasse vorgeführt werden: Verena sang gut und gern, und sie konnte die Melodie halten. Im Kunstunterricht bewies sie eine erfreuliche Ausdrucksfähigkeit, und ihre Zeichnungen wurden stets zuerst durch Zurufe der Mitschüler/-innen zum Schmücken der Klasse an den Wänden angebracht. Auch im späteren Textilunterricht lieferte sie sehr saubere und sorgfältige Arbeiten ab. Im Sport- u. Schwimmunterricht allerdings nahm sie oftmals eine ängstliche Haltung ein und suchte den Schutz der jüngeren Schwester, die auch dort eine Überfliegerin war.

Verena war hilfsbereit, höflich, kontaktfreudig und gern zur Zusammenarbeit mit anderen bereit. Sie war rasch in den neuen Klassenverband eingegliedert und voll anerkannt. Selbst bei den kleinsten Lernerfolgen erhielt sie von ihren Mitschüler/-innen Lob und lautstarken Zuspruch.

Sie hatte eine gut gegliederte saubere Handschrift (zum Glück keine feinmotorische Störung!). Ihre Augen leuchteten, wenn ich ihr laut bestätigen konnte: „Du hast so viele Wörter nicht nur richtig, sondern *alle* sauber geschrieben!" Oder: „Deine Mappen sind so ordentlich geführt!"

Ihr starkes Einfühlungsvermögen, ihr tiefes Mitempfinden offenbarte im Religionsunterricht. Der Religionsunterricht trägt wesentlich zur Gemüts- und Gewissensbildung der Kinder bei, und was „soziales Lernen" bedeutet, läßt sich sehr gut am Beispiel Jesu verdeutlichen. *Er* war unser aller und bester Lehrer, und wenn wir einmal nicht recht weiterwußten, so fanden wir „durch ihn" eine richtige Antwort. Für Jesus gab es keine „schlechten" Menschen, und in der Schule gab es keine „schlechten" Schüler. Jeder konnte irgendwann einmal etwas besser als der andere. Die Gleichnisse Jesu lassen sich in jeder Klassenstufe und in jeder Altersstufe deuten. Wir haben sie jeweils – wie auch besonders beeindruckende Lesestücke – im Laienspiel „ausgespielt". *Da* brauchte ich Verena keine Anweisungen zu geben, *was* sie zu sagen hatte. Sie sprach ihre Hauptrollen (die *Klasse* hatte *sie* jedesmal dafür ausgesucht) aus dem *Herzen* heraus. *Hier* hatte sie – ohne „Schönung" – selbst die Klassenbeste (ihre kleine Schwester) überrundet.

Im Gegensatz zur vorgenannten Sprachverzögerung und Sprachscheu zeichnete sich bei ihr (etwa ab Klasse 2) eine zunehmende Sprechfreudigkeit ab: „Du, Frau Soremba, ich muß dir was erzählen..." So holte sie mich liebend gern vom Auto ab und heimste sich dabei schnell mal eine Streicheleinheit mehr ein. Erlebnisse, Vorfälle, Zusammenhänge, die Verena vom Gefühl erfassen konnte, vermochte sie – untermalt von Gestik und Mimik – mit sichtbarer Begeisterung (oder Empörung) sprachlich richtig wiederzugeben.

Und so habe ich in der Zensierung im Sachunterricht, in

Religion, im Aufsatz und in Mathematik den Schwerpunkt der Beurteilung in allen vier Jahren mehr auf Verenas mündliche Beiträge legen können.

Zu den Eltern, die dieses Kind nie wegen etwaiger schwacher Schulleistungen tadelten, unterhielt ich rege und enge Kontakte und sprach ihnen stets neuen Mut zu.

Die Mutter, die zu allen Mühen und Opfern bereit war, wollte nicht ‚abseits' stehen, und so wies ich sie in häusliche Mithilfe ein, bei der sie Verena nicht zu überfordern brauchte. Probleme tauchten auf bei den Hausaufgaben, die ich nicht nur hier, sondern auch in allen anderen Klassen – individuell gemessen an dem Leistungsvermögen des einzelnen Kindes – erteilte.

Monika durfte natürlich mehr leisten (wenn sie wollte), und Verena brauchte viel weniger an Hausarbeit zu erledigen. Aber Verena wollte genau so viel können, wie ihre jüngere Schwester. Es war nicht einfach, dabei eine „Mittellinie" zu finden. Oft verzichtete Monika, wenn sie merkte, daß es für Verena zu viel wurde, bzw. wenn die Mutter ihr heimlich zuzwinkerte.

Bei der Mutter und mir war es von entscheidender Bedeutung bei unseren Bemühungen – letztlich um beide Kinder – aufzupassen, keine Eifersucht aufkommen zu lassen.

Ich denke, daß wir drei – die beiden so unterschiedlichen Geschwister und ich als ihre Lehrerin – schöne gemeinsame Schuljahre erleben konnten, die wir aus unserer Erinnerung nicht missen möchten.

Nun sollte ich Verena zur Orientierungsstufe entlassen (Monika wollte das Gymnasium besuchen). Da gab ich der Mutter den Rat, Verena noch einmal gründlichst kinder- und jugendpsychiatrisch untersuchen zu lassen.

Nach dieser speziellen Untersuchung und verschiedenen Gesprächen mit dem Vater und den anderen Geschwistern wurde von der Klinik ein differenzierter, organischer und neurologischer Untersuchungsbefund erstellt. Damit wurden zugleich die Befunde früherer ärztlicher Berichte und mein

Verdacht bestätigt, den ich auch aus den Kriterien des Beobachtungsbogens (Soremba 1986) gewonnen hatte: Störungen im Wahrnehmungsbereich und schwere Entwicklungsverzögerung bei mittlerer Intelligenz.

Mit großer Wahrscheinlichkeit war eine Rötelerkrankung der Mutter im fünften Schwangerschaftsmonat und Sauerstoffentzug bei der Geburt (Geburtsgewicht = 1750 Gramm) Grundursache für die Problematik dieses Kindes.

Nach vielen anschließenden aufklärenden Gesprächen gab man von der Klinik aus den Eltern den Rat, das Kind auf seinem weiteren Schulweg in die Sonderschule gehen zu lassen.

Und auch ich hielt diese Empfehlung für den besten fortführenden schulischen Weg für Verena. Zu diesem Entschluß konnten sich die Eltern allerdings nur schweren Herzens durchringen.

Vielleicht hatte auch ein Weihnachtswunsch Verenas mit den Ausschlag dazu gegeben: „Ich wünsche mir nur ein einziges Mal genauso ein schönes Zeugnis, wie es Monika immer hat."

Lassen wir nunmehr die Mutter selbst von dem weiteren schulischen Weg ihres Kindes berichten:

„Damals habe ich mir geschworen, alles daran zu setzen, um Verena diesen Wunsch wenigstens annähernd zu erfüllen. Die Chance dazu war jetzt da. Und diese Entscheidung war genau richtig. Unsere Verena hat sich bald sehr wohl gefühlt. Sie konnte jetzt fast immer ihre Hausaufgaben allein machen, war nicht mehr immer die Schlechteste und wurde zusehends freier und selbstbewußter. Nach dem Besuch einer 9. Klasse (einer Förderstufe) hat Verena dort auf der Schule sogar den Hauptschulabschluß erreicht und steht jetzt nach einer erfolgreich abgeschlossenen Lehre in einer gut bezahlten Stellung."

Ich war erleichtert, daß auch ich als Lehrerin damals bei Verena die richtige Schulempfehlung gegeben hatte.

Fast zur gleichen Zeit mußte ich zwei Gutachten schreiben: Für die jüngere Schwester – die Klassenbeste – wurde es ein hervorragendes Eignungsgutachten als Empfehlung zur weiterführenden Schule (sie hat das Gymnasium mit Bravour bestanden und steht jetzt im Studium).

Auf dem anderen, dem Meldebogen zur Umschulung von Schülern in die Sonderschule für Lernbehinderte, konnte ich auch Verena viele erfreuliche Dinge bescheinigen. Als sie diese später bei der Prüfung unter Beweis stellte, meinte man von dort – wie mir die Mutter berichtete – ihre Verena *wäre zu gut.* Nicht nur in dem Beobachtungsbogen (Soremba 1986) der Schwester, sondern auch in ihrem eigenen waren die Rubriken ‚Besondere Begabungen' gefüllt (Kreativität, schöpferischen Einfallsreichtum und Musikalität).

Ich allerdings war mir bewußt, daß all das inzwischen Erlernte für Verena nicht ausreichte. Sie brauchte fortführende Lernhilfen und Förderung im kleineren Klassenverband, mit speziell geschulten Fachlehrer/-innen, auf *der* Anforderungsebene, die ihrem Leistungsstand entsprach, und auf der sie auch ihre Neigungen und Fähigkeiten (und es waren viele) voll einsetzen konnte.

Den Hauptschulabschluß erreichte sie auf dieser Schule ohne Schwierigkeiten. Der empfohlene Schulweg mit anschließender abgeschlossener Berufsausbildung, einem selbstgewählten Beruf in gut bezahlter Stellung – all dies – war für dieses Mädchen zu einer echten Lebenshilfe geworden.

Jeder Lehrer/jede Lehrerin wird überfordert sein, bei einem schwer wahrnehmungsgestörten Kind eine sensomotorische Übungsbehandlung (Schulung von Sinneseindrücken durch Bewegung) durchzuführen. Aber kleine Ansätze dazu in den Unterricht einzuflechten, das könnte einem solchen Kind schon weiterhelfen.

Die Freude am Lernen erhalten, das Selbstvertrauen stärken, den richtigen Lernweg zeigen, das sind Hilfen für *alle* Kinder.

## 4. Fallbeispiel: Ein Sylvestererlebnis weckt Erinnerungen – Soziales Lernen und Gemeinschaftsdenken

In einem 3. Schuljahr waren die Schüler/-innen in den ersten Schulwochen noch sehr unruhig und zeigten alle ein unterschiedliches Leistungsvermögen. Es mußte mir gelingen, sie in vielerlei Beziehungen aneinander anzupassen.

Ein sehr hübsches Mädchen, eine gute Schülerin namens Inge, hatte eine Vorzugsposition in der Klasse eingenommen, die sie auch bei mir behalten wollte.

In einer Unterrichtsstunde ging es wieder einmal um die mündliche Beteiligung möglichst aller durch Handaufzeigen. Es gehörte immer zu meinen Grundsätzen – durch genaues Beobachten, sorgfältiges Überblicken – zumindest *einmal* jedes Kind dabei mitarbeiten zu lassen.

Im Sachunterricht sausten auf mein Nachfragen hin die Hände nur so nach oben. Inge war eine der ersten, die antworten durfte. Doch auch im weiteren Verlauf meldete sie sich heftig interessiert weiter. Aber es sollten noch einige andere, Schüchterne, antworten dürfen. Inge rutschte schon unruhig auf ihrem Stuhl hin und her und sprang plötzlich auf: „Aber jetzt bin ich dran, Frau Soremba! Hast du denn nicht gesehen, wie oft ich mich schon gemeldet habe?" Voller Empörung sprudelten diese Worte nur so aus ihr heraus.

Mich erstaunt gebend und ganz ruhig, fragte ich zurück: „Doch, ich habe es gemerkt und freue mich, daß du soviel weißt. Doch *alle* müssen einmal drangekommen sein, und das ist bis jetzt noch nicht der Fall gewesen. Wenn du mir allerdings einen Grund nennen kannst, warum du – vor den andern – zweimal antworten darfst, dann will ich mich berichtigen."

In der Klasse herrschte Stille. Alle schauten gebannt auf Inge. „Ja, aber, das war, das ist ..." Sie fing an zu stottern und setzte sich nachdenklich nieder. *Sie* hatte mich verstanden und sich einzuordnen gelernt, und sie ist später eine besonders gute „Hilfslehrerin" geworden. Mit viel Stolz und Glücksgefühl hat sie es erlernt, ihr umfangreiches Wissen auch an andere weiterzugeben und wiederum auch von anderen anzunehmen, was diese besser konnten. Sie fand Freude am Vergleich des eigenen Fortschritts, ohne dabei besser sein zu wollen als die anderen. Und sie spendete auch langsamer Lernenden Zuspruch und Aufmunterung, um ihnen beim Vorankommen zu helfen.

Diese Erlebnisse eines gemeinsamen Helfens können Kinder zur Selbstentfaltung führen.

Viele Jahre später – Inge war inzwischen Schülerin einer Höheren Schule – traf ich sie bei einem Skiurlaub wieder. Mein Mann und ich hatten auf Bitten des plötzlich erkrankten Skilehrers die Ausgestaltung der Sylvesterfeier mit den etwa dreißig Kindern und Jugendlichen übernommen.

Fröhliche Gesellschaftsspiele standen im Vordergrund: Die Jungen sollten sich – etwa der Größe nach – in einer Reihe aufstellen, und die Mädchen durften – durch schnelles Zurufen – sich den erwählten Partner aussuchen. Es gab dabei viel Lachen und Fröhlichkeit. Allerdings kam der bange Augenblick immer näher, wo ein Junge – ein „Ausbund an Häßlichkeit" – ausgerufen werden mußte. Es war so weit: Ein verlegenes Schweigen, ein verstecktes Kichern unter den Mädchen. Seine abstehenden Ohren schwollen rot an. Ich wechselte blitzschnell einen Blick mit meinem Mann und wollte gerade einspringen, da trat „meine" Inge vor. Sie war mit Abstand das hübscheste Mädchen in der Gruppe. Ein strahlender Blick zu mir, und dann ging sie ihm – ebenso strahlend – mit ausgestreckten Händen entgegen. „Willst du mein Partner werden? Ich würde gern mit dir gemeinsam spielen und tanzen." Atemlose Stille herrschte. Der Junge sah sie ungläubig an und stotterte verlegen: „Ja, gern, aber …!" Ich konnte durch ihn „durchgucken", und er wirkte glücklich und schön. (Im übrigen gehörte *er* bei den Denkspielen zu den am schnellsten Auffassenden und beim Tanzen zu den besten Tänzern).

Ich mußte mich abwenden, damit niemand meine Tränen bemerkte. Wieder sah ich diese ‚bewußte' Schulstunde vor mir. Das damals so eigenwillige Mädchen hatte das soziale Lernen, das Miteinander, das gegenseitige Helfen nicht vergessen. Zu welch einem selbstbewußten – nicht selbstherrlichen – Menschen hatte Inge sich entwickelt. Tiefes Mitempfinden und echtes *Taktgefühl* hatte Inge bewiesen. Inges Gemeinschaftsdenken wirkte damals vor allem auf die Jugendlichen tief beeindruckend (vielleicht auch beschämend). Das beispielhafte Handeln sollte auch hier zum Betrachten weitergegeben werden.

## 5. Fallbeispiel: Meine erste Begegnung mit der Legasthenie – Ich war ratlos

Wahrscheinlich habe ich 1967 meinen ersten Fall von schwerer Legasthenie angetroffen. Ich war damals Lehrerin an einer kleinen Landschule und unterrichtete ein 3. und 4. Schuljahr gemeinsam in einem Klassenverband. In der 4. Klasse war ein Junge dabei – er kam aus der Oberstufe –, der immer noch nicht richtig lesen und schreiben konnte. Ich war bestürzt und überlegte: Wie ist denn so etwas möglich? Der Junge ist doch sonst ganz pfiffig. Doch ich suchte die „Schuld" nicht in Dummheit oder Faulheit des Kindes und forschte nicht nach häuslichen Umständen, sondern fragte mich: Warum kannst du mit deinen Möglichkeiten diesem verständigen Kerlchen nicht auch beim Lesen und Schreiben helfen? Er bekam zwar von mir und der Klassengemeinschaft liebevolles Verständnis, doch *mir* selbst war das noch nicht genug. Ich überlegte und rätselte und forschte weiter.

So wie ich damals, so rätseln allerdings auch heute noch viele: Wie ist es möglich, daß begabte Schüler/-innen trotz schulischer Hilfe beim Lesen und Schreiben versagen?

Mir kam ein Zufall bei meiner Ratlosigkeit zu Hilfe: Im Nachbarkreis hielt eine sehr engagierte Frau hochinteressante Vorträge zur Legasthenie, einem Phänomen, das mir bis dahin noch nicht bekannt war. Carola Thole, eine Lehrerin,

Mutter von zwei legasthenischen Söhnen wurde die Gründerin des Bundesverbandes Legasthenie. Ihrem persönlichen Einsatz ist es zu verdanken, daß das Problem der Legasthenie in der ganzen Bundesrepublik bekannt wurde. Durch ihre Tatkraft, Entschlossenheit und Opferbereitschaft hat sie eine Bresche geschlagen, in die nachfolgende „Mitkämpfer" einspringen konnten.

Von ihr erfuhr ich erstmals Hintergründe zu dieser Problematik. Durch das Lesen entsprechender Fachliteratur, durch Teilnahme an Fortbildungsveranstaltungen informierte ich mich zunächst selbst weiter. Aufgrund des damaligen Legastenieerlasses aus dem Jahre 1972 wurden Lehrkräfte in Lehrerfortbildungsmaßnahmen zur Diagnose und Therapie von Legasthenie weitergebildet. Auch ich nahm an entsprechenden Maßnahmen teil. Danach konnte ich noch gezielter, noch individueller, noch spezieller den betroffenen Schüler/-innen helfen und als Legasthenieobmännin den Kollegen/ Kolleginnen bzw. Eltern beratend zur Seite stehen. Um die Weiterverbreitung dieser Thematik bemühte ich mich als Multiplikatorin und organisierte Lehrerfortbildungsmaßnahmen auch für andere Schulen.


## 6. Fallbeispiel: Die kleine Landschule – Binnendifferenzierung im Klassenverband

Was Binnendifferenzierung im Klassenverband bedeutet, das wurde in der Praxis an kleinen ein- oder mehrstufigen Landschulen umgesetzt.

Ich denke gern an eine Zeit zurück, in der ich an einer kleinen Dorfschule ein 3. und 4. Schuljahr gemeinsam in einem Klassenraum zu unterrichten hatte. Die besser und schneller Lernenden des 3. Schuljahres konnten schon am Lernstoff der 4. Klasse teilnehmen, und umgekehrt war es den langsamer Erfassenden der oberen Klassenstufe noch einmal möglich, vertiefend das Lerngebiet der unteren Klasse zu durchwandern. Wenn z. B. ein Kind des 3. Schuljahres in Mathematik und/oder Deutsch schon im Unterrichtsstoff der Klasse 4 mitdenken konnte, so war ihm dieses „Springen" – auch ohne Antrag – möglich. Es wurde also nicht gebremst, nicht eingeengt, sondern gefordert und damit gefördert. Wenn ein lernverzögertes Kind in einem oder mehreren Lernfächern noch nicht ganz das Ziel der 4. Klasse erreicht hatte, dann durfte es noch einmal mit dem leichteren Stoff der unteren Klasse beginnen, ohne wiederholen zu müssen. Es entstand also praktisch ein Fördern (Fordern) *innerhalb* eines Klassenverbandes. Dieses Prinzip bedingte Verständnis des Klassenverbandes selbst und erfreuliches Helfen der Kinder untereinander.

Die 1. und 2. Klasse wurde ebenfalls gemeinsam als eine Klassenstufe an dieser Schule von einer anderen Lehrkraft geführt. Die Oberstufe (ab Klasse 5 bis einschließlich Klasse 8) unterrichtete der Schulleiter dieser Schule.

Die Großen der oberen Klassenstufen fühlten sich für die Kleineren mitverantwortlich. Wenn bei diesen Lernrückstände auftraten, dann wurden sie von uns Lehrern mit den älteren Geschwistern besprochen und diesen Möglichkeiten zum sinnvollen häuslichen Helfen gezeigt. Dadurch kam es zu einer Entlastung der meist durch die Landwirtschaft stark beanspruchten Eltern.

Bei Ganztags- oder Halbtagsausflügen kamen alle Kinder der Schule mit. Unter fröhlichem Gesang wanderten die Kinder. Dabei wurde ihnen die Natur und die Heimatgeschichte besonders von dem fachkundigen Schulleiter erklärt. Neben allen drei Lehrern durfte natürlich auch seine Frau, die liebenswerte ‚Änne Mamm', nicht fehlen. Sie übernahm eine sehr fürsorgliche und helfende Rolle – nicht nur in der Schule – sondern auch im Ort.

Gerastet wurde bei diesen Ausflügen im Freien, die Kinder saßen im Gras, und mit viel Fröhlichkeit wurden die mitgebrachten Wegverzehrbrote verschmaust. Mußten wir bei schlechtem Wetter einmal einen Gasthof aufsuchen, dann verließen wir jeden Raum gründlichst sauber, ohne nur ein einziges Papierschnippelchen zu hinterlassen. Der Wirt, der beim „Einmarsch" verständliche Bedenken vor der großen Kinderhorde hatte, staunte beim Auszug über die Disziplin der fröhlichen Kinderschar. Wurden die Kleinen auf dem weiten Rückweg müde, nahmen die Großen sie einfach auf den Buckel.

Die Pausen spielten sich – solange das Wetter nur irgendwie schön war – mit Gesang, Sing-, Ball-, Reigen-, Fang- oder Phantasiespielen im Freien oder im Schulgarten ab: „Wer fürchtet sich vor dem Schwarzen Mann"; „Alle meine Kinder kommt nach Haus!" „Ist die schwarze Köchin da?", so hörte man ihre Fröhlichkeit weit schallen. Dazwischen hangelten die Kinder an den wenigen Turngeräten herum, um ihren natürlichen Bewegungsdrang zu stillen, um für die nächsten Unterrichtsstunden ‚aufzutanken'.

Wir drei Lehrer saßen an einem runden Tisch im Freien, beobachteten mit Freude das fröhliche Treiben „unserer" Kinder und besprachen dabei schulische, allgemeine oder auch familiäre Dinge. Dazu brachte uns die Frau des Schulleiters den obligatorischen Tee und dazu stets die Früchte der Jahreszeit aus dem von ihr bewundernswert gepflegten und gehegten Schulgarten. Hier gedieh das Obst und Gemüse erstaunlich gut und es gab viel Platz für ein friedliches Nebeneinander von Schafen, Gänsen und Hühnern. Auch die Kinder konnten ihre eigenen Beete bepflanzen und erlebten dabei Biologieunterricht direkt aus der Anschauung. In den Pausen gesellten sich manchmal „besorgte" Mütter dazu, die etwas nachfragen oder irgendwelche Probleme besprechen wollten. Sie sprachen dabei Plattdeutsch, das ich zwar nicht sprechen, doch bald gut verstehen konnte. Wir gaben unseren Rat, jeder mit seinen Möglichkeiten, an der Spitze der Schulleiter, der eine sehr geachtete Persönlichkeit in der Gemeinde war und in der Schule für Disziplin und Ordnung sorgte.

Wenn die Pause beendet war, stellten sich die Kinder hintereinander vor dem Schulgebäude auf und gingen diszipliniert (ohne puffen und schlagen) in ihre jeweiligen Schulklassen hinein. Kein Butterbrotpapier blieb zurück, und Ordnung herrschte überall.

Dabei lernten die Schüler/-innen Ordnungen, Regelungen und Gemeinschaftsdenken kennen, in einer Schule, die in überschaubarer Nähe ihres Wohnbezirkes stand.

## Generationsprobleme – Das Erscheinungsbild der Familie hat sich verändert

Im Zuge von Veränderungen wurden viele kleine Landschulen – wie auch diese – aufgelöst, um größeren Systemen mit neuen Reformen Platz zu verschaffen.

Doch auch außerhalb des Schulwesens gab es einen Wandel. Die Umweltbedingungen verschlechterten sich. Die „Industrialisierung" breitete sich mehr und mehr aus. Ein Konkurrenzdenken einer Ellbogengesellschaft wurde fortschreitend erkennbar. Gültige Normen und Wertvorstellungen traten weitgehend zurück. Das Streben um das Geld stand im Mittelpunkt. Das Großfamiliensystem, in dem Kinder die Übernahme von Pflichten und die Verteilung von Aufgaben innerhalb der Familie erlernten, war kaum noch anzutreffen. Die Kleinstfamilie – teilweise mit nur noch einem Kind – wurde Norm. Ehescheidungen nahmen zu, und Kinder wurden schon früh mit der Problematik ihrer Eltern belastet. Viele Kinder lernten Kontakte eines sozialen Miteinanders erst im Kindergarten bzw. in der Schule kennen (Morawietz 1994).

Auch die Kinder waren anders geworden. Viele ihrer neu entwickelten Ausdrucks- und Verhaltensformen stellten Lehrkräfte vor große Probleme.

Die Schule bemühte sich mit ihren Möglichkeiten, der veränderten Kindheit und Jugend ihrer Schüler/-innen gerecht zu werden.

In einigen Bundesländern (so auch in Niedersachen) kam es zur Einführung der Orientierungsstufe. Aus vielen großen Schulen entwickelten sich oftmals Mammutsysteme. Es gab damals Stimmen gegen die kleine Landschule. Sie sei zu familiär, die guten Schüler lernten zu wenig, es herrsche zu viel

Drill. Heute gibt es Argumente gegen die Mammutsysteme: Sie seien zu anonym, die schwachen Schüler kämen zu kurz, es breite sich Gewalt aus.

Die „neuen Kinder" sind den Pädagogen entglitten, so stand es kürzlich in der Presse. Warum sind sie uns entglitten? Wir hatten sie doch „zuerst" in den Händen.

Ich spreche mit jungen Leuten darüber, auch mit meinen Söhnen. Mein jüngster Sohn (27 Jahre) versieht seinen Polizeidienst in einem Großstadtrevier. Er berichtet von seinen Beobachtungen und Erlebnissen: „Ich fahre mit dem Streifenwagen an Mammutsystemen, riesigen Schulgebäuden, vorbei. Graue Asphaltbauten mit Farbgekritzel verziert starren mich an. Bäume sind kaum im Umfeld zu erkennen. Da hinein müssen viele Großstadtkinder gehen, die aus den verschiedensten Wohnbezirken kommen. Manchmal muß ich mich auch mit Kindern und Jugendlichen ‚auseinandersetzen'. Bei Gesprächen/Protokollen mit ihnen und ihren Erziehungsberechtigten gewinne ich einen Einblick in ihre Kindheit.

Viele Kinder (gerade in der Großstadt) wachsen allein auf, denn mehrere Kinder in einer Familie sind fast undenkbar geworden. Eltern mit einem Durchschnittseinkommen, die sich dies noch ‚leisten', geraten oftmals bis an den Rand des Existenzminimums. Mietpreise in den Städten sind kaum noch tragbar, ganz abgesehen davon, daß Vermieter Kinderlosigkeit vorziehen. Ein zweiter Verdienst muß also her. Die Anforderungen an den Lebensstandard sind groß, und damit verbunden steigen ständig die Lebensunterhaltungskosten. Auch die Anforderungen der Kinder – ihre Wünsche – sind groß: Bekleidung von Bruder/Schwester wird nicht mehr nachgetragen, neue und teure Mode ist ‚in'. Mütter gehen (wieder) arbeiten, nicht, weil sie sich ‚selbst verwirklichen' wollen, sondern, weil die Notwendigkeit dazu da ist.

Wenn Kinder von der Schule nach Hause kommen, ist oftmals keiner da, dem sie gleich ihre Schulprobleme anvertrauen können. Gut, wenn es da noch eine Oma gibt! Manchmal ist auch kein Mittagessen vorbereitet (Geld für Mc Donald's liegt in der Schublade). Z. T. kommen auch problemlösende Gespräche für Kinder durch den Berufs- und Alltagsstreß ihrer Eltern zu kurz. Man versucht durch eine ‚verwöhnende Erziehung' auszugleichen. Maßlosen Wünschen von Kindern wird weitgehend nachgegeben.

Schularbeiten müssen von lerngeschwächten Schulkindern oftmals allein erledigt werden. ‚Schaffe ich ja doch nicht!' ‚Keinen Zweck – bin ja doof!' ‚Null Bock dazu!' Also Fernsehen oder Video an! Unkontrolliert rauschen Porno-, Horror- und Action-Filme mit Szenen von Brutalität und Grausamkeit an den Kindern vorbei. Realität und Wirklichkeit können sie oftmals nicht unterscheiden. Nachahmung ist die Folge. Es ist erschreckend, wenn man Übersichten begangener Straftaten von Kindern und Jugendlichen verfolgt: Von Ladendiebstahl, von einfacher, gefährlicher bis schwerer Körperverletzung, von Sachbeschädigung, Erschleichen von Leistungen, Raub, Einbruchdiebstahl in PKW, Autodiebstahl bis zu Drogendelikten sind ihre Vergehen zu benennen.

Bestürzend ist die Erkenntnis, daß die Gewaltbereitschaft für das Durchsetzen ihrer Strafhandlungen bei den Kindern und Jugendlichen im Vergleich zu anderen Jahren zunehmend ansteigt.

Die Gründe für die steigenden Gewaltauswirkungen kann man nur erahnen: Unkontrolliertes Fernsehen? Seelische Störungen durch ‚schlechtes' Elternhaus? Katastrophale schulische Leistungen, die man durch Gewalt unterdrücken möchte? Wohngebiete, die man als sogenannte Ballungszentren für Kinder- und Jugendkriminalität benennt?

Mit Sicherheit *kommt* kein Kind *schon* als Verbrecher zur Welt!

Man kann nicht behaupten, daß es früher nicht auch zu Keilereien und Streitigkeiten kam. Aber die Art und das Ausmaß waren anders. Damals war eine Schlägerei eine Sache der Ehre. In der heutigen Zeit muß der Kontrahent (Zweikampfgegner) richtig ‚fertiggemacht' werden. Früher war der Kampf beendet, wenn der Gegner auf dem Boden lag. Heute fängt es da z. T. erst richtig an und endet nicht selten mit schweren Verletzungen – oftmals begangen von mehreren, sogar unter Zuhilfenahme von Waffen.

Kinder müssen rechtzeitig Grenzen kennenlernen. Doch Kinder sollen auch ungestört spielen, tummeln, sich austoben, ihren natürlichen Bewegungsdrang stillen und dabei *eigene* Ideen entwickeln dürfen. Denn Spiele sind wichtig. Sie bereiten das Kind auf das größte Spiel vor, das man ,Leben' nennt.

In unserer Kindheit sind wir in Wäldern herumgetollt; sind mit zerrissenen Jeanshosen nach Hause gekommen, auf Bäume geklettert u.s.w. Heute wird die Polizei benachrichtigt, wenn Kinder in einem Park auf Bäume klettern. Die Äste könnten ja beschädigt werden. Oftmals rufen Bürger bei der Polizei an und beschweren sich, daß sich Jugendliche auf Spielplätzen herumtreiben. Dies ist ebenfalls nicht erlaubt. Wenn Kinder früher Eigentum beschädigten oder ,etwas angestellt' hatten, gab es ,etwas hinter die Ohren'. Heute wird die Polizei verständigt und ein Strafantrag gestellt. Verbote und Verordnungen – gegen Kinder? Gegen *diese* Kinder, die eines Tages – so ganz selbstverständlich – gesunder Grundstein sein sollen für eine neue Generation? Gegen *diese* Kinder, die eines Tages – so ganz ohne Befragen – ein Erbe antreten müssen, das ihnen eine Erwachsenengeneration hinterläßt?

Wo sollen Kinder – besonders in der Großstadt – denn spielen? Also gehen sie in die Stadt, auf den Spielplatz der heutigen Zeit, auf die Straße. Für die Straße (Stadt) benötigen sie Geld. Konsumgüter sind überall in den Schaufenstern ausgestellt. Und was man sieht, möchte man auch haben (nicht nur Erwachsene, sondern auch Kinder). Entweder die Eltern zahlen dafür, oder irgendwann kommt die Zeit, und Kinder überwinden ihre Anfangsängste und nehmen sich einfach das, was sie begehren.

Und dann hat man das Ergebnis: Eine Person, die nicht mehr gesellschaftsfähig ist – entstanden durch ,Blauäugigkeit' oder Desinteresse in der heutigen Gesellschaft ..."

Nun, Kinder sind wohl zu jeder Zeit von der folgenden Generation als immer problematisch werdender gesehen worden, doch es hat immer wieder Lösungsmöglichkeiten gegeben. Ich gehe meinen Beobachtungen und eigenen Erkenntnissen nach, die ich auch durch meine Arbeit als Lerntherapeutin gewonnen habe. Meine heutigen Schüler/-innen sind wesentlich verhaltensauffälliger geworden, als es meine Schulkinder noch vor sieben Jahren waren, und sie haben andere Ausdrucksweisen entwickelt. Sie sehnen sich – immer noch – nach Anerkennung, benötigen aber auch konsequente Lenkung. Oftmals muß ich Eltern sagen, daß ihr Kind nicht nur Lernprobleme, sondern auch Anpassungsschwierigkeiten hat. Auch bei der Überwindung dieser Problematik muß ich den Kindern helfen, damit sie im Sozialverhalten ebenfalls wieder den Anschluß an den Klassenverband finden (Specht 1982, Ebel 1983, Schiffer 1994).

Doch Kinder brauchen Menschen: zu denen sie laufen können, wenn sie in Not sind; die ihre Tränen trocknen und die Nase putzen, wenn kein Taschentuch da ist; die sie an sich drücken und sie ausschluchzen lassen; die ihnen zuhören und sich Zeit dazu nehmen; die ihnen *zuerst* erzählen, was sie selbst nicht konnten *und dann* erst sagen, was falsch ist.

Kinder brauchen einfach Menschen, die sie mögen und gern haben. Und ich denke, wenn man Kinder verständnisvoll liebt, dann fällt einem im rechten Augenblick schon das Richtige ein, auch wenn man pädagogische Grundsätze dabei auf den Kopf stellen muß.

Von den dargestellten Fallbeispielen stammt nur eins aus der Zeit der kleinen Landschule. Die anderen Begebenheiten haben sich an weit größeren Schulen abgespielt.

Denn Gemeinschaftsdenken, soziales Miteinander können Schüler/-innen an kleinen und großen Schulsystemen erfahren.

Doch lernschwache Schüler/-innen brauchen nicht nur verständnisvolle Hilfe von Lehrkräften, sondern auch Angenommenwerden von ihrem Klassenverband.

# 6 Außerschulische Therapie

**Wann ist sie notwendig?**

Wenn bei einem Kind die schulischen Maßnahmen nicht mehr greifen, wenn es auf seine Enttäuschungen in der Schule schon reagiert, wenn bei ihm psychosomatische (körperliche) Beschwerden auftreten, wie Kopfschmerz, Bauchweh, Schlaflosigkeit, oder wenn sich eine neurotische Fehlentwicklung (Verhaltensauffälligkeit) abzeichnet, wie Angriffslustigkeit und Weinerlichkeit, dann sollte dringend außerschulische Hilfe in Anspruch genommen werden.

Sie kann in den verschiedensten Formen angeboten werden: Elternberatung, Hausaufgabenbetreuung, normale Nachhilfe, gezielte Förderung bis zur Therapie.

Jede außerschulische Therapie setzt bei jedem Einzelfall eine genaue Diagnose voraus. Eine Prognose über die Behandlungsdauer kann nicht gegeben werden. Eine Therapie kann sich auch über mehrere Jahre erstrecken. Erfolgreiche Lerntherapie verlangt nicht nur individuelle Behandlung jedes Einzelfalls, sondern bedingt auch interdisziplinäre Zusammenarbeit aller Fachrichtungen, die an der Lösung des Einzelfalls mitwirken.

Lese/Rechtschreib- und Computerprogramme können die Arbeit von Lerntherapeuten erleichtern. Hilfsmittel (Lesebrillen, Hörgeräte, Kassettenprogramme usw.) können und sollen „Stolpersteine" beim Lesen und Schreiben beseitigen.

Entscheidend für das Gelingen von Lerntherapie ist, daß der Therapeut/die Therapeutin jedes einzelne Kind in seiner persönlichen Betroffenheit annimmt und sich selbst mit einbringt (Klein 1993).

## Was sollte beachtet werden?

Was Eltern und Ratsuchende noch zusätzlich wissen und beachten sollen, darüber können sie sich ausführlich durch eine Broschüre des Bundesverbandes Legasthenie ‚Legasthenie – schulische und außerschulische Förderung' (1991) informieren.

Ich habe von meinen Behandlungsfällen solche ausgewählt, durch die beschriebene Teilleistungsstörungen von Schülern mit einer Lese-Rechtschreibschwäche so anschaulich wie möglich vor Augen geführt werden können.

Mit Vorstellung dieser Kinder wollte ich Pauschalisierungen entgegentreten und klarstellen: lese-rechtschreibschwache Kinder sind weder dumm noch faul, kommen aus den verschiedensten Gesellschaftsschichten und allen Wohnbereichen.

Ich lehne auch andere Generalisierungen ab: „*Die* Lehrer haben diese Kinder kaputt gemacht."

Wenn in den authentischen Falldarstellungen, in denen Eltern den Leidensweg ihrer Kinder beschreiben, Versagen von Schule und Lehrkräften aufgezeigt wird, dann sind diese Einzelhandlungen deutlich abzuheben von dem aufopferungsvollen, unermüdlichen persönlichen Einsatz einer *Vielzahl* von Lehrkräften, die sich – meist nur mit einem geringen pädagogischen Ermessensspielraum – um jedes einzelne von LRS betroffene Kind bemühen.

Es wird aber immer wieder nötig sein, Einzelfälle von Fehlhandlungen aufzudecken, um Verallgemeinerungen zu vermeiden und jedes einzelne betroffene Kind zu schützen.


## Wie kann geholfen werden?

Mit den folgenden Falldarstellungen einer erfolgreichen Lerntherapie will ich Eltern, Lehrer, Therapeuten und andere Ratsuchende ermutigen und anspornen: Denn zum Helfen ist es nie zu spät!

# 1. Fallbeispiel: „Draußen vor der Tür" – Die BEDEUTUNG des Lehrers im Anfangsunterricht

## Hinweise für Eltern/Lehrer zum Schulanfang

Wenn die Therapie bei einem meiner Schützlinge beendet ist, dann bitte ich die Mutter (oder einen anderen Erziehungsberechtigten), mir einen Bericht über den Therapieverlauf (ihres Kindes) zu schreiben. Meist zögern die Gefragten oder meinen ängstlich: „Das kann ich doch gar nicht!" oder „Mit meiner Rechtschreibung klappt es auch nicht immer!"

Ich beruhige sie: „Ihre Rechtschreibung interessiert mich doch gar nicht! Aber blicken Sie einmal zurück, wie das am Anfang war, was dazwischen liegt (auch Rückschläge) und wie Ihr Kind jetzt ist."

Es gibt kaum eine Ablehnung. Mit sichtbarer Erleichterung, mit Stolz, mit Merkmalen der Entlastung werden mir die „Lebensläufe" der betroffenen Kinder ausgehändigt: „Ein Glück, daß wir das hinter uns haben!" „Es war schon schlimm – damals!" „Es war gut, daß ich mich erinnert und alles aufgeschrieben habe!" „Eine Abschrift davon habe ich aufgehoben für mein Kind. Vielleicht kann ihm dies einmal später bei seinen eigenen Kindern helfen!"

Der nachfolgende Brief kann in seiner ungekürzten Fassung einen wirklichen Einblick in die Not eines Kindes (und seiner Mutter) vermitteln:

„Markus war als Säugling relativ unauffällig. Mit gut elf Monaten konnte er schon laufen. Ich muß allerdings sagen, daß Markus überhaupt nicht gekrabbelt hat, er fing vielleicht ein wenig spät an zu sprechen. Aber im großen und ganzen war seine Entwicklung altersentsprechend.

Er wurde drei Jahre alt und kam in den Kindergarten, auch hier war er nicht auffällig, nur Dinge wie Singen oder Spiele, die mit Rhythmik zu tun hatten, die mochte er überhaupt nicht. Da Markus seine Kindergärtnerinnen aber fast mühelos um den Finger wickeln konnte, fielen diese Dinge wohl auch nicht auf.

Die Kindergartenzeit war zu Ende, und Markus freute sich riesig, endlich zur Schule gehen zu dürfen, am liebsten wäre er schon mit fünf Jahren gegangen, weil sein Freund damals eingeschult wurde.

Der Tag war da: Markus wurde eingeschult, er war total begeistert, wir Eltern natürlich auch (man ist dann so richtig stolz auf sein Kind).

Aber schon in den ersten vierzehn Tagen wich Markus' Begeisterung. Er erzählte von sich aus fast nichts aus der Schule. Auch Fragen halfen wenig; und man denkt, das gibt sich schon. Dann kam das Unfaßbare: Die Mutter einer Mitschülerin machte mich ca. drei Wochen nach der Einschulung darauf aufmerksam, daß Markus seit ca. zehn bis vierzehn Tagen fast jeden Tag vor die Tür müsse!

Daraufhin rief ich die Klassenlehrerin an. Diese erklärte fast wie selbstverständlich: In der Klasse wäre immer so eine Unruhe und um da Ordnung (wohl eher Respekt) zu schaffen, müsse halt einer vor die Tür. Auf Nachfragen konnte sie mir jedoch nicht erklären, warum Markus dies fast immer gewesen sei, die Unruhe sei aber wohl nicht durch ihn verursacht gewesen.

Ich war wütend und enttäuscht und habe mir dies für die Zukunft verbeten (ich dachte, so etwas gäbe es gar nicht mehr). Mit dieser Frau über schulische Dinge zu sprechen, hatte sich für mich erübrigt.

Dann fragte ich bei Markus nach und war wirklich enttäuscht, daß ich diese Umstände nicht von ihm erfahren hatte. Er weinte sofort und meinte damals: ‚Aber Mama, wenn man vor die Tür muß, hat man doch was angestellt, und ich hab' doch nichts gemacht.' Dieser Satz sagt wohl vieles.

Markus sollte Druckschrift und Schreibschrift der jeweiligen Buchstaben gleichzeitig erlernen.

Aber mit zunehmenden Anforderungen wurden Markus' Unmut und meine Verzweiflung größer. Die Schulaufgaben bzw. Hausaufgaben wurden immer aufreibender, es ging so gerade noch.

Nach ca. drei Monaten waren die Hausaufgaben so festgefahren, daß ich wohl eher aus Verzweiflung bemerkte, daß Markus Buchstaben verwechselte wie „d-b"; „g-k". Und alles, was ähnlich aussah oder sich ähnlich anhörte, konnte von Markus nur schwer unterschieden werden, und behalten konnte er auch nur wenige Buchstaben.

Bei den Hausaufgaben sah es so aus, daß wir praktisch jeden Tag von vorne anfangen mußten. Da halfen auch keine Spiele oder gutes Zureden.

Markus hatte sich inzwischen auch sehr verändert. Er fing häufig bei jeder Kleinigkeit an zu weinen, wurde immer stiller und hatte zu nichts mehr Lust. Sein Selbstvertrauen war so gut wie hin. Ja, teilweise wurde er seinen Geschwistern gegenüber sogar aggressiv, worüber er hinterher sehr traurig war, und man sah es ihm an, daß er unter dieser Situation sehr litt.

Zu allem kam dann noch ein Wohnortwechsel dazu (das war ein halbes Jahr nach seiner Einschulung). Ich hatte jedoch die Hoffnung, durch eine ‚neue Schule' könnte es vielleicht besser werden; vielleicht wäre eine andere Lehrkraft ‚besser' für Markus.

Die neue Lehrerin war sehr nett, aber ich glaube, in einer Klasse mit sehr vielen Kindern aller möglichen Nationalitäten hoffnungslos überfordert. Wie sollte da ein Kind wie Markus (lieb, nett, ja nicht auffallen) mit seinen Lernschwierigkeiten noch auffallen? Und Markus war wohl auch froh, daß man ihn übersah.

Zu Hause waren die Hausaufgaben weiterhin jedesmal eine kleine bzw. große Katastrophe für Markus und für mich.

Man sucht Gründe für die Ursache dieser Probleme zunächst bei sich, d. h. im familiären Bereich, aber irgendwann findet man nichts mehr. Und Hilfe von außen, d. h. von der Schule, die kann so aussehen (leider): Ich sprach die Lehrerin auf die Probleme, die Markus im Schreiben und Lesen hatte, an. Sie sagte mir dann, daß sie dies ehrlich gesagt noch nicht selbst bemerkt habe, denn Markus habe bei ihr im Unterricht noch nicht gelesen (er ging immerhin schon mehr als zwei

Monate auf diese neue Schule), er würde sich ja auch nicht melden. Man muß sich das mal vorstellen …

In Zukunft wolle sie mal darauf achten, aber sie könne sich nicht vorstellen, daß Markus solche schwerwiegenden Probleme hätte. Getreu nach dem Motto: ‚Immer diese Mütter, die Übertreibungen.‘

Ich erkundigte mich inzwischen genauer über das Thema Legasthenie und erfuhr so von Frau Soremba in Vechta. Dort habe ich mir einen Termin geholt, und Markus und ich haben dort Rat und Hilfe erfahren. Markus war Legastheniker, und die Ursachen dafür waren in mehreren Wahrnehmungsbereichen begründet.

Die Grundschulzeit für Markus war teilweise sehr schlimm. Viele Lehrer/-innen sind mit dem Thema Legasthenie genauso überfordert wie Eltern, nur daß sie es leider oft nicht zugeben. Es gibt teilweise schlimme Auseinandersetzungen zwischen Eltern und Lehrern, z. B. in der Art: ‚Legasthenie existiert nicht. Wenn Ihr Kind nicht in der Lage ist, hier mitzukommen, gibt es auch Sonderschulen‘ oder: ‚Faulheit ist die Ursache‘ oder ‚Das ist alles ein Problem der Erziehung und der Konsequenz; wenn Ihr Kind nicht in der Lage ist, die Aufgaben in einer halben Stunde zu schaffen, braucht es eben zwei oder drei Stunden‘ (Kindheit ade!).

Außerdem ist das, was betroffene Kinder empfinden, nicht in Worte zu fassen: Wut, Enttäuschung, kein Selbstvertrauen, wenig Freunde. Und wenn andere Kinder für ihre Aufgaben eine halbe Stunde brauchen, sitzen diese Kinder nicht nur eine Stunde, sondern oft zwei oder drei Stunden an ihren Aufgaben. Und sie werden dafür nicht mal belohnt, d. h. Anerkennung von der Lehrerin bzw. dem Lehrer gibt es gar nicht oder selten.

Markus hatte das Pech, in der Grundschulzeit dreimal einen Klassenlehrerwechsel zu haben. Keine Lehrerin hat sich für Legasthenie interessiert oder nur mal richtig zugehört, auch mir nicht. Z. B. sah Diktatüben bei Markus so aus: Markus hat viel geübt für ein kleines Diktat von nicht mal 100 Wörtern: drei bis vier Nachmittage jeweils mindestens eine

Stunde, außer den anderen Hausaufgaben. Mit dem Erfolg: ‚20 bis 30 Fehler‘ und dem Satz der Lehrerin: ‚Du hast wieder nicht geübt‘; ‚Du bist faul‘; ‚Du lernst es nie mehr‘ oder ‚Wann fängst Du endlich an zu lernen!‘

Jetzt ist Markus auf der Orientierungsstufe und hat eine Lehrerin, für die Legasthenie jedenfalls existiert und die auch Verständnis für Markus‘ Lage aufbringt. Und wenn Markus und auch ich nicht die Hilfe und Geduld von Frau Soremba und ihrer Familie hätten, wo wäre Markus dann gelandet, ich mag daran gar nicht denken.

Über Markus‘ und meine Nöte und Sorgen könnte ich noch sehr viel erzählen, vieles hat man auch schon wieder vergessen und verdrängt, aber wünschen tue ich persönlich keinem Kind, daß es Legastheniker ist, denn gesellschaftlich und schulisch steht man damit als Betroffener und als Eltern sehr weit im Abseits. Ich versuche, Markus weiterhin so gut wie es geht zu unterstützen und ihm Mut zu machen, und ich bin stolz auf meinen Sohn, daß er so weit gekommen ist und inzwischen soviel Selbstvertrauen und Mut hat, es mit mir als Mutter oder mit seinen Lehrern weiter zu versuchen.“

Als die Mutter Markus zu mir brachte, stand der Junge mit hängenden eingezogenen Schultern und einem gehetzten Gesichtsausdruck vor mir: Ein Schulkind, das am Ende der dritten Klasse noch nicht lesen konnte. Doch Markus war nicht ablehnend mir gegenüber, sondern vom ersten Augenblick an bereit zu jeder Mitarbeit.

Pünktlich jede Woche einmal kam er zu mir zur Therapie, und wenn ihn einmal seine Erziehungsberechtigten nicht mit dem Auto bringen konnten, dann radelte der Junge den weiten Weg mit dem Fahrrad (10 km eine Fahrtstrecke) bei Wind und Wetter nach Vechta.

Ein Entwicklungsbaustein – das Krabbeln – hatte dem Jungen als Säugling gefehlt, in seiner Sprachentfaltung war er verzögert und in der Rhythmik gestört. Sein Raumlageempfinden war massiv beeinträchtigt, er konnte nicht oben und

unten, links und rechts und Buchstabenformen unterscheiden, die in der Richtung drehten („n-u"; „b-d-g"; „p-q" und
ähnliche).

So mußten sensomotorische Übungen am Anfang der Behandlung dieses Jungen stehen, bis allmählich die Pädagogik
sie ablösen konnte. Zu Hause sollte er mit den Bewegungs-
aufgaben, bei denen er seine Erfolge erkannte und die ihm
viel Freude bereiteten, „Lehrer" spielen. Strahlend kam er
oftmals zur nächsten Therapiestunde: „Du, Frau Soremba,
das kann ich viel besser als Mama!"

„Teilleistungsstörungen in den Wahrnehmungsbereichen –
eine schwere Lese-Rechtschreibschwäche – mit einer nicht
nur vorübergehenden wesentlichen seelischen Behinderung",
das war das Ergebnis einer zusätzlichen differential-diagno-
stischen ambulanten Untersuchung in einer Kinder- und Jugendpsychiatrie.

Nun, Markus hat bei mir das Lesen erlernt. Aufgaben aus
dem Grammatikbereich kann er zufriedenstellend lösen, und
auch seine Rechtschreibfertigkeit hat sich gebessert. Allerdings werden unter seinen Diktaten wahrscheinlich immer
noch „ungenügend" oder „mangelhaft" als Zensuren erschei-
nen (denn der „Notenschutz" – bis Klasse 4 – ist inzwischen
für ihn weggefallen). Doch der Junge, der auch mündlich tref-
fend formulieren kann, ist selbstsicher geworden. Er steht inzwischen zu seinem Problem und kann *wieder* herzlich lachen.

Im Umgang mit seinen Kameraden, seinen Geschwistern
und seiner Mutter ist er verständiger geworden. Seine Raumlage ist nun gefestigt, die Händigkeit ist gesichert (Rechtshänder). Als ich mich – ab und zu – bei Wiederholungsaufga-
ben davon überzeugen wollte, ob das Erlernte noch „saß",
dann kam ein siegessicheres Strahlen in seine klaren Augen,
er stellte sein „Können unter Beweis" und mit einem ver-
schmitzten Lächeln konnte er auch sagen: „Willst Du mich
wieder einmal reinlegen?"

Ich konnte ihn aus einer erfolgreichen Therapie entlassen.
Auch ich denke zurück an den Anfang: Wenn damals Gesprä-

che über ein 1. Schuljahr auftauchten, dann rief er oftmals erschrocken aus: „Hoffentlich müssen die Kinder nicht vor der Tür stehen!"

*War* diese Erziehungsmaßnahme im 1. Schuljahr, die diesen Jungen so tief gedemütigt hatte, nicht auch ein Ausdruck erzieherischer Hilflosigkeit?

*War* diese junge Lehrerin (und sind Lehrkräfte) in Studium oder Lehrerfortbildung genügend informiert über Verhaltensstörungen bei Kindern bzw. darüber, welche Ursachen dahinter stecken können? Gab es in dieser Klasse möglicherweise zu viele gute Schüler, die unterfordert waren, oder zu viele schwache, die überfordert waren? Die Guten zu fordern, die Schwachen zu fördern, das ist eine besondere pädagogische Aufgabe, vor der jeder Lehrer/jede Lehrerin steht.

*War* sich diese Lehrerin bewußt, daß nicht (nur) Eltern durch Erziehungsfehler für Verhaltensabweichungen von Kindern verantwortlich sind, sondern daß die Ursachen dafür „im Kind selbst" stecken können? Wußte sie Bescheid, wie Problemkindern zu begegnen ist, wie man Eltern informieren und sich selbst Rat holen kann oder rechtzeitig abgeben muß, wenn man damit überfordert ist? Wäre hier (bzw. generell) nicht eine gründliche Information der Lehrer (nicht nur der Eltern) vorrangig?

*War* dieser Kollegin bekannt, daß es Möglichkeiten für ein gezieltes Beobachten zum Erkennen von Lernstörungen im Anfangsunterricht gibt, wie ich es hier z. B. vorzustellen versuche?

*War* diese Kollegin informiert über die Differenzierungsprobe nach Breuer/Weuffen (1990), durch die man nicht nur im Vorschulbereich, sondern auch noch im Anfangsunterricht fehlende Grundfähigkeiten als Voraussetzung für erfolgreiches Lesen und Schreiben aufdecken kann?

*War* sie mit der Anwendung der Diagnostischen Bilderliste von Dummer-Smoch (1988) vertraut, durch die man am Ende des 1. (oder noch des 2.) Schuljahres Leseversager erfassen kann, um ihnen einen neuen Lesestart zu vermitteln?

Die Informationen über Entstehung und Verhinderung von

„Schwierigkeiten beim Lesen und Schreiben" können gar nicht ausgiebig genug sein. Dieses Problem ist kein „typisch deutsches", sondern ein weltweites und damit ein gesellschaftliches geworden (Klüfers-Berger 1987, Klasen 1981).

Multiprofessionelle, interdisziplinäre Zusammenarbeit zur Lösung dieser Problematik ist länderweit und staatenübergreifend zu erkennen. Doch weiterer Handlungsbedarf ist gegeben! Dieser Appell richtet sich an die Adresse der Wissenschaftsminister, der Kultusminister und der Bildungspolitiker in der Bundesrepublik Deutschland.

Im Anfangsunterricht werden die Weichen für den späteren Schul- und Lebensweg eines jeden Kindes gestellt!

Das Lernen-Wollen eines Schulanfängers zu erhalten, gehört zu den schwierigsten Aufgaben des Erstlehrers.

Daß alle Kinder lernen wollen, das haben sie uns ja längst bewiesen. Sie haben gelernt, vom ersten Tag der Geburt an, fortlaufend weiter, immer Neues dazu, sonst wären sie ja nicht schulfähig geworden. Nun wollen sie etwas Besonderes lernen, wie die Großen werden, und dazu gehört auch das Lesen, Schreiben und Rechnen.

Wie schön ist es doch, wenn die Kleinen jubelnd ihrer Lehrkraft entgegenlaufen, ihr die Tasche tragen wollen oder sich zärtlich an sie schmiegen!

Nein, dieses Verhalten ist nicht altmodisch! Es ist bezeichnend, gerade für die heutigen Kinder. Sie sind aufgeschlossener geworden, als sie es in früheren Generationen waren. Vielleicht war das allzu große Respektdenken einer ehemaligen Zeit auch eine zu starke Hemmbarriere. Doch vertrauensvoller Respekt muß bleiben! Und Zuwendung, Annahme, Geborgenheit, Verständnis und Liebe, die ‚weichen Fakten' dürfen nicht fehlen!

Wie groß das Grundvertrauen der Kinder ist, erkennt man an vielen Äußerungen, wenn sie z. B. das Können, das Wissen ihrer Lehrkraft noch *über* das von Vati und Mutti stellen: „Nein, Papi (Mutti), das stimmt nicht, das hat meine Lehrerin so (anders) gesagt!"

Liebe Eltern, auch wenn Sie Fehler von Lehrer/-innen entdecken sollten, prangern Sie diese *nie* in Gegenwart Ihres Kindes an! (LehrerInnen sind auch nur Menschen, denen nun mal Fehler unterlaufen können). Sie selbst würden damit das Vertrauen Ihres Kindes zu seinem Lehrer/zu seiner Lehrerin erschüttern. Versuchen Sie zunächst immer, mit der Lehrkraft eine sachliche Aussprache zu erreichen.

Dieses Grundvertrauen darf allerdings auch nicht zerstört werden durch solche Handlungen, wie sie in dem obigen Fallbeispiel dargestellt wurden.

Doch abschließend muß auch hier betont werden, daß dieses mahnende Einzelbeispiel klar abzugrenzen ist von der Vielzahl der Fälle, wo Kinder – wenn man sie an ihre erste Lehrkraft oder an ihren Schulanfang erinnert – spontan sagen können: *„Bei der war es schön! Da hat Lernen Spaß gemacht!"*

## 2. Fallbeispiel: „Ich bin Legasthenikerin!" – Die BEDEUTUNG von mütterlicher Selbstbekennung

Nach einem telefonischen Hilferuf kamen Mutter, Vater und Kind zur Förderdiagnose bzw. zum Anamnesegespräch zu mir. Das zweite Kind, das bei den Großeltern zu Hause geblieben war, zeigte keinerlei schulische Probleme, so berichteten die Eltern. Dabei offenbarte mir die Mutter nicht nur die Problematik des anwesenden Sohnes, sondern auch die ihrer eigenen Schulzeit als Legasthenikerin. Wie sie mir später mitteilte, war sie sehr erfreut darüber, daß ich – gerade in Gegenwart ihres Mannes – die *besondere* Situation der Legastheniker klar darstellte.

Zu ihrer Zeit gab es noch den seit 1972 gültigen Erlaß zur Förderung von Schülern mit einer speziellen Lese-Rechtschreibschwäche (Legasthenie). Durch dessen Regelungen wurden damals den betroffenen Kindern noch Erleichterungen zuteil – besonders in den weiterführenden Schulen.

Helmut erhielt dagegen nach dem jetzt gültigen Erlaß von

1979 eine Benotung schon im Grundschulbereich und dementsprechende Diktatzusätze wie: „Du mußt mehr üben! Diese Fehler!" und ähnliche.

Zum Glück gelang es mir sehr bald, diese Problematik durch einige nette aufklärende Telefonate mit der zuständigen Lehrperson zu bereinigen. Hier waren tatsächlich einige Erlaßerleichterungen nur noch nicht bekannt. Solche Fälle treffe ich häufig an. Die Kollegin war dankbar für jeden Hinweis, den ich ihr gab, um nicht nur Helmut, sondern auch anderen betroffenen Kindern gezielt helfen zu können.

Der hübsche Junge erfreute vom ersten Besuch an durch sein gefälliges Äußeres und sein höfliches Benehmen. Doch seine braunen Augen sahen mich damals traurig, ängstlich und hilfesuchend an. Da sprang unsere Aura freudig bellend herein: „Ist das ein schöner Hund! Ich möchte auch so gern einen haben." Wir knieten beide neben ihr nieder und streichelten sie, und damit begann unser erster Kontakt, der nach und nach immer herzlicher wurde.

Während der förderdiagnostischen Untersuchung mußte Helmut sich mit Sicherheit sehr anstrengen. Dies ist auch bei anderen Prüflingen der Fall. Doch er war zur Mitarbeit bereit und hielt tapfer durch. Im Anschluß daran zeigte ich ihm sofort, was er *konnte*. Diese vielen Untertests, die er geschafft hatte! Ganz stolz war er darauf und auch darüber, daß er „chinesisch" nachsprechen konnte (Mottiertest: Das Kind hat Silben nachzusprechen, die „unsinnig" aneinander gereiht sind).

*Mir* reichte das „Wenige" für einen Neuanfang völlig aus. Nach schulischer Auffassung allerdings – in Zensuren ausgedrückt – hatte er noch nicht völlig das Ziel im Lesen und Schreiben erreicht.

Auch diesem Kind konnte ich nur eine Stunde pro Woche (manchmal nicht einmal die) anbieten. Doch er bewies in der Therapie eine erstaunliche Zähigkeit und Ausdauer. Er wollte jeweils am Ende einer Stunde ganz genau wissen, was er wieder einmal erreicht hatte. Besonders zu loben war dabei seine gefällige Form und seine saubere Schrift. Nun bat ich auch die Mutter mitzuhelfen.

„Aber Frau Soremba, ich habe doch selbst noch Rechtschreibprobleme," antwortete sie.

„Überwachen Sie nur seine Handzeichen! Dabei müssen Sie die Rollen tauschen. Sie sind die Schülerin, und Helmut ist der Lehrer!" Das klappte gut. Nach einer entsprechenden Überprüfung stellten wir fest, daß Helmut fehlhörig war. Jetzt mußte noch ein Hörtraining zusätzlich weiterhelfen. Ganz gewissenhaft hielt der Junge auch den Teil des Hörtrainings ein, der zu Hause stattfinden sollte, nämlich sein tägliches Fünf-Minuten-Kassettenprogramm. Mußte er aus gesundheitlichen Gründen – oder während der Ferien – einmal aussetzen, wurden die Ausfallzeiten von der Mutter sorgfältig notiert. Und so bewiesen die Wiederholungsaudiogramme (Gehörprüfungen) bald ein Abschwächen der unterschiedlichen Tonfrequenzen (Schallwellen), ein Angleichen der Hörgeschwindigkeit und damit eine Verbesserung seiner Fehlhörigkeit.

Er war inzwischen von mir auf seine Problematik „eingestellt" worden. Er hatte es erlernt, seine Teilleistungsschwächen anzunehmen und im Rahmen seiner Möglichkeiten an einer Verbesserung mitzuarbeiten. Nun mußte die Gemeinschaftsarbeit in einer Kleinstgruppe weiterhelfen. Schließlich sollte er ganz den Anschluß an die „Großgruppe", die Klasse, gewinnen. Nun traf er mit drei anderen Kindern zusammen, die ebenfalls von außerhalb kamen und ein 4. Schuljahr besuchten. Diese vier Kinder waren unterschiedlich groß, alle „echte" Legastheniker, mit verschiedenen Neigungen, Fähigkeiten und Begabungen in den verschiedensten Bereichen. Ich teilte die Arbeit mit ihnen so ein, daß jeder seinen Alleinunterricht erhielt, anschließend am Gemeinsamunterricht teilnahm und zusätzliche „Sitzungen" auf einem Resonatorboden (Schwingungsgebilde) bekam. Die Kinder saßen auf einem Kasten, in dem sich Musikschallwellen von der Sitzfläche aus kräftig vibrierend (schwingend) in den Körper übertrugen. Diese Resonatorsitzungen unterstützten die Wirkung der Schalltherapie.

Zwei der wartenden Mütter trafen sich während der Wartepause zum Kaffeetrinken, tauschten dort Erfahrungen aus, so daß auch zwischen den Familien freundschaftliche Kontakte entstanden.

Die vier Jungen verstanden sich einfach prima! In den Sommermonaten arbeiteten wir sehr viel draußen im Garten, besonders bei den sensomotorischen Übungen. Die Kinder arbeiteten zielstrebig mit. Keiner wollte den anderen übervorteilen, sondern sie unterstützten und halfen sich gegenseitig. Jeder wollte zu gern einmal „Lesekönig" werden. Dabei wird ein sorgfältiges, genaues Lesen verlangt, und nur derjenige, der ohne Verlesungen das Ende der Wortreihe erreicht, bekommt sein Zertifikat „Lesekönig" darunter gesetzt. Wenn es einmal nicht klappt, dann wird überlegt, warum der „Computer" (Gehirn) versagt, und das Wort wird in der Luft richtig geschrieben. Auch das Verlieren will erlernt sein. Dieses Spiel kann ich jedem, der mit einer homogenen Gruppe arbeitet, wärmstens empfehlen.

Beim Schreiben bzw. Verschreiben gilt nicht das bekannte Wort „Fehler", sondern es gibt nur „Verstöße". Diese Fehlformen werden schnell mit „Fehlerpflaster" überklebt, und dann wird das richtige Wort sauber darübergeschrieben.

Helmut hatte dabei gelernt, offen – selbst in der Schule – zu seinem Problem zu stehen. Ganz stolz war auch ich auf den Jungen, als mir die Mutter bei einem Telefonat berichtete: „Stellen Sie sich doch einmal vor, was mir Helmuts Lehrerin erzählt hat. Helmut hat sich in der Klasse hingestellt, anderen schwachen Schülern mit seinem Beispiel Mut zugesprochen und sie angefeuert: ‚Weint doch nicht, wenn ihr *einmal* eine Sechs habt! Ich übe so tüchtig und mache immer noch so viele Fehler!'"

Es gab viele verständnisvolle Lehrkräfte, denen ich Helmuts Problematik schildern und die Möglichkeiten des Helfens – auch durch den derzeitigen LRS-Erlaß – nennen konnte. Voller Freude zeigte mir der Junge lobende Diktatzusätze, wie z. B.: „Gut geübt, schon besser!" „Von x Wörtern x richtig geschrieben" usw.

Dadurch, daß diese Mutter ihrem Kind und anderen von ihrer damaligen und noch bestehenden Rechtschreibschwäche erzählte, konnte sich auch der Junge immer wieder aufrichten, wenn es bei ihm Rückschläge gab.

Die große Problematik dieser selbst von Legasthenie betroffenen Mutter, die in ihren Bemühungen, ihrem legasthenischen Kind zu helfen, ihre eigenen Nöte aus der Vergangenheit noch einmal miterleben mußte, soll aus ihren Zeilen deutlich werden:

„Liebe Frau Soremba,

... Mein Sohn und ich, wir sind beide Legastheniker. Ich weiß, wie wichtig Hilfe für diese Kinder ist. Mein Glück war, daß es in Köln eine Legasthenikerschule gab, die ich zwei Schuljahre besuchen durfte. Das waren die schönsten Schuljahre. Die haben mich soweit aufgebaut, daß ich auf einer Hauptschule meinen Abschluß im 10. Schuljahr machen und den Beruf der Wirtschafterin erlernen konnte. Dieses Glück ist Helmut leider nicht vergönnt. Aber er kommt auch weiter, wenn man es auch nicht gleich so sieht. Er kann nach zwei Jahren bei Ihnen jedem sagen, ich bin Legastheniker, ich kann das nicht besser. Er hat *keine Angst* vor den Diktaten, auch wenn es eine ‚Sechs' ist. Gott sei dank, steht diese Note nicht unter dem Diktat, das verdanken wir Ihnen, weil Sie mit Hilfe von Anrufen oder schriftlichen Berichten an die Klassenlehrer dieses zu verhindern wissen, worüber ich sehr glücklich bin. Sie helfen aber nicht nur meinem Sohn, sondern auch mir. Wenn ich das Gefühl habe, es geht nicht mehr weiter, die Belastung, die Angst und Verzweiflung über die Lage, in der Helmut sich befindet, dann rufe ich Sie einfach an. Sie helfen mir weiter durch ein paar liebe Worte, und der Himmel ist nicht mehr so grau. Dieser Brief ist für mich eine Qual, ich weiß nicht, wie viele Fehler darin sind. Nur weil Sie wissen, was es heißt, Legastheniker zu sein, schreibe ich Ihnen das alles. Bei anderen Leuten sehe ich das Lachen über die Fehler, und das macht mich krank, bringt mich in Panik, so daß ich die einfachen Wörter nicht mehr richtig schreiben kann. Ich hoffe, daß Sie noch lange gesund bleiben und unseren Kindern helfen, ihre Lage nicht nur in der Klasse, Schule, sondern auch auf Regierungsebene zu verbessern, ..."

**Kurzbericht über eine diagnostische Förderuntersuchung**
Der Schüler Helmut wurde mir zur Überprüfung seiner Lese-Rechtschreibschwäche vorgestellt.

In der Diagnostischen Bilderliste – einem Prüfinstrument, das man einem Kind etwa am Ende der ersten Klasse vorlegen kann – zeigten sich schwere Wahrnehmungsausfälle und eine „Übergeneralisierung" beim langen „A" (Wargen, Karmel, Banarne, Paparkei).

Im Diagnostischen Rechtschreibtest (DRT 3) erreichte Helmut einen Prozentrangplatz von 3. Die Prozentrichtwerte sind jeweils auf das letzte Drittel eines Schuljahres bezogen, 97 von 100 Kindern seiner Klassenstufe würden nach den statistischen Erwartungen in dieser Untersuchung ein besseres Ergebnis erreichen und nur drei ein schlechteres.

Im Fehlerprofil verdeutlichten sich starke Wahrnehmungsausfälle, die ihren Tiefstand im Bereich der Wahrnehmungstrennschärfe (Lautnuancentaubheit) erreichten. Schwächen in der Wahrnehmungsdurchgliederung zeigten sich später auch im Lesetest. Es wurde dringend zu einer ohrenärztlichen Untersuchung geraten. Auch die Möglichkeit eines Hörverarbeitungstrainings zur Überwindung seiner Fehlhörigkeit wurde vorgeschlagen.

Die Fehleranalyse (Fehleruntersuchung) bewies eine Unsicherheit im Regelwissen (Unkenntnis in der Groß- und Kleinschreibung, Dopplung und Dehnung, Ableitung, usw.).

Bei Überprüfung der akustischen Differenzierungs- und Merkfähigkeit zeigten sich beim Reproduzieren (Wiedergeben) von Wörtern schon bei dreistufigen Silbengebilden Wahrnehmungsrichtungsausfälle (WR).

Bei Überprüfung seiner Lesefertigkeit offenbarte sich eine schwache Leseleistung. Laute und Lautverbindungen waren noch nicht genügend gesichert. WR-Ausfälle häuften sich bei den spiegelgedrehten Buchstaben („b-d"; „p-q"; „ie-ei" usw.). Auch beim Wortlesetest und bei den einzelnen Leseabschnitten traten verstärkt Drehfehler auf. Das Erlesen war mühsam, die Satzgrenze wurde nicht beachtet, und die Verlesungen mehrten sich bei Schriftverkleinerung. Auch hier wurde dringend zu einer fachärztlichen Untersuchung (diesmal Augenarzt) geraten.

Bedingt durch die Falschlesungen war die Inhaltsangabe teilweise ungenau. Doch überraschte Helmut durch einen ausgewählten Wortschatz und erfreute beim freien Interpretieren. Er suchte mit gewandten Worten nach Lösungen, bewies Einfallsreichtum und Transferfähigkeit. Von einer Überprüfung der intellektuellen Leistungsfähigkeit wurde daraufhin Abstand genommen, denn die Ergebnisse in den sogenannten Denkfächern im schulischen Bereich deuteten ebenfalls auf ein zufriedenstellendes intellektuelles Potential, wobei seine Leseschwäche mit Sicherheit eine Lernbremse war.

In Diskrepanz zu seiner Denkfähigkeit bestand eine spezielle Lese-Rechtschreibschwäche, als deren Ursachen *Teil*leistungsstörungen in den Wahrnehmungsbereichen zu benennen waren (umschrieben mit dem Begriff „Legasthenie").

Diese führten zur Beeinträchtigung bei der Aufnahme, Verarbeitung und Wiedergabe des Lesens und Schreibens – ohne Schuldzuweisung an das Kind, Elternhaus und Schule.

Die Arbeitshaltung und Ausdauerfähigkeit des Jungen waren gut, und er zeigte eine große Bereitwilligkeit, auch starke Belastungen – wie z. B. diese förderdiagnostische Untersuchung, die ihm Erfolge verschaffen konnten – auf sich zu nehmen. Mit Sicherheit war Helmut nicht unkonzentriert, sondern *überkonzentriert*.


In einem längeren Gespräch mit der Mutter legte ich ihr die Problematik ihres Sohnes dar. Allerdings hatte sie sich schon vorweg ausgiebig über die LRS-Problematik informiert. Sie zeigte sich stark und bereit, ihrem Kind auch weiterhin die notwendige seelische Unterstützung zu geben.

Ich nannte ihr einige Beispiele für häusliches Helfen und wies auf die Möglichkeit einer außerschulischen Therapie hin. Der intelligente und ehrgeizige Junge begann bereits, über sein einseitiges Leistungsversagen nachzudenken und eigene Überlegungen dazu anzustellen. Ich empfahl der Mutter ferner, ständigen Kontakt mit der Schule zu halten, dieser meinen Untersuchungsbericht zu übergeben und auf den Erlaß vom 26.06.1979 (Erleichterungen für LRS-Schüler/-innen) hinzuweisen.

### 3. Fallbeispiel „Bin ich daran schuld?" – Die Bedeutung von mütterlichen Schuldkomplexen

Wieder einmal war kein Therapieplatz frei, weder bei mir, noch bei meinem Sohn, der ebenfalls Lerntherapeut ist. Es blieb mir nicht einmal die Möglichkeit, in absehbarer Zeit Förderdiagnosen vorzunehmen. Als eine Mutter am Telefon um Hilfe für ihr Kind bat, wollte ich sie auf später vertrösten. Doch sie drängte, mir doch wenigstens etwas von ihren Sorgen am Telefon erzählen zu dürfen. Ich spürte ihre Not: „Ach, kommen Sie einfach morgen abend kurz vorbei." In welch großen Schuldkomplexen steckte diese zarte Frau! Es bedrückte sie sehr, daß sie zwei so unterschiedliche Kinder hatte, von denen das eine Mädchen *stets* durch gute Leistungen erfreute und die Höhere Schule besuchen konnte, während sich das andere, die jüngere Tochter – trotz verstärkter Hilfe der Mutter – durch die Grundschule quälte.

„Mit Sicherheit bin auch ich daran schuld" rief die Mutter mit erregter Stimme aus und erzählte weiter: „Als mein Vater, der bei uns wohnte, sehr schwer krank wurde und starke Schmerzen hatte, pflegte ich ihn mit allen meinen Kräften und opferte viel, viel Zeit. Er war sehr ungeduldig, nicht nur mit mir, sondern auch mit allen anderen. Aber es war doch mein lieber Vater, ich mußte doch so handeln! Bestimmt habe ich dabei besonders unsere Marlies vernachlässigt, die mich doch schon seit dem ersten Schultag tüchtig gebraucht hat. Wenn ich zurückdenke, weiß ich, daß es schon in der Schwangerschaft und bei der Geburt Probleme gab, und schon mit eineinhalb Jahren mußte Marlies eine Brille tragen, weil sie schielte. Im Kindergarten war sie viel verspielter und langsamer als die anderen Kinder. Und im 1. Schuljahr mußten wir tüchtig zu Hause nachhelfen, damit sie nicht die Buchstaben vergaß. Aber durch die Erkrankung meines Vaters habe ich mein Kind bestimmt am meisten vernachlässigt."

Ich konnte diese Mutter aufrichtig und mit ehrlichem Herzen beruhigen: „Als Mutter haben Sie nichts versäumt, und als Tochter haben Sie bestimmt richtig gehandelt. Sie wären doch heute sehr unglücklich, wenn Sie sich sagen müßten: ‚Ich habe meinen Vater in seiner schwersten Zeit im Stich gelassen‘."

Wieder einmal hielt ich Rückschau in *meinem* eigenen Leben: Hatte ich doch selbst – noch nicht einmal richtig genesen, nach einer schweren Gallenoperation, trotz meiner sechs Kinder, trotz meines Berufes als Lehrerin – meinen 80jährigen Vater, der nach dem Tode meiner Mutter vereinsamte und in Magersucht flüchtete und nicht mehr leben wollte, *spontan* mit allen sich daraus ergebenden neuen Belastungen in meine große, lebhafte Familie geholt. Wir mußten alle „Opfer" bringen, an erster Stelle mein Mann. Drei verschiedene Generationen haben es erlernen müssen, aufeinander zuzugehen – am meisten mein jüngster Sohn und sein Großvater, die beide zuerst schrecklich eifersüchtig aufeinander waren, sich aber nach und nach innig liebten. Damit der alte Mann – außer den vielen Liebesbeweisen – aber auch das Gefühl bekam, „gebraucht" zu werden, schrieb ich ihm jeden Morgen, bevor ich in die Schule fuhr (er schlief dann noch fest), kleine Verrichtungen für unser Haus oder Garten auf einem „Laufzettel" auf. Er besorgte alles gewissenhaft und gründlich. Im Kreis unserer großen Familie fühlte er sich glücklich und genas zusehends. Eines Tages starb er – plötzlich, friedlich, schmerzlos – an Herzversagen. Wir vermissen ihn *alle* sehr und denken oft und gern an die Zeiten mit ihm zurück.

Mit dem Erzählen meiner eigenen Erlebnisse hatte ich versucht, die Schuldkomplexe dieser Mutter zu beseitigen. Nun bemühte ich mich, ihr die Situation ihres Kindes darzulegen:

„Weil bei Ihrer Marlies in der frühkindlichen Entwicklung (schon in der Schwangerschaft und bei der Geburt) nicht alles der Norm entsprechend verlaufen ist, sind bei ihr Entwicklungsverzögerungen entstanden. Die haben sich in besonderer Weise belastend auf die schulischen Leistungen ihrer Tochter ausgewirkt. Doch das Denken hat nicht darunter gelitten." Ich erklärte ihr dazu die verschiedensten Zusammenhänge und empfahl ihr, das Buch von Ayres (1984) zu lesen.

Nun berichtete sie ruhiger und sachlicher weiter: „Im 4. Schuljahr werden doch jetzt schon Diktate in der Schule geschrieben, in denen Marlies so ganz eigenartige Fehler macht. Sie schreibt z. B. ‚wühlen' statt ‚fühlen', ‚kanz' statt ‚ganz'. Sie verwechselt die Buchstaben ‚k-g', ‚p-b', ‚d-t', ‚w-f' usw. Sie macht auch Fehler im Regelwissen, dazu kommt, daß sie sich schlecht konzentrieren kann. Oft ist sie erkältet und hat des öfteren Nasenbluten. Sie ist leicht unzufrieden, unausgeglichen und sorgt in der Familie für unschöne Stimmungen. Von unserer Seite versuchen wir dies mit mahnenden Worten zu beheben, aber dadurch verschlechtert sich alles nur noch mehr."

Ich erklärte ihr den „Teufelskreis", in dem dieses Kind steckte: „Bedingt durch Lern- und Leistungsstörungen folgen bei Marlies psychosomatische Beschwerden mit ‚Abladungen' im Elternhaus."

„Ich kann nicht mehr weiter, und meine ältere Tochter kann das schon gar nicht verstehen!" rief die Mutter aus.

Ich beruhigte sie: „Der ‚Teufelskreis' kann sich in einen ‚Engelskreis' verwandeln, es müssen nur viele daran mitwirken. Die Rechtschreibfehler Ihres Kindes z. B. können Sie schon gut beschreiben und einordnen!" Erfreut und dankbar sah sie mich an und wurde zusehends ruhiger.

Diktate, die sie von Marlies mitgebracht hatte, analysierte ich in ihrer Gegenwart und erklärte ihr die Auswertung der Fehler. Sie nahm die Hinweise an und half *richtig* mit, wo es nur irgendwie in ihren Kräften stand.

Die spätere Förderdiagnose, die ich bei Marlies vornahm,

bewies im Stufentest in der Fehleranalyse (Fehlerauswertung) starke Wahrnehmungsausfälle, besonders in der Wahrnehmungstrennschärfe (Unterscheidungsschwierigkeiten bei „g-k", „b-p", „d-t", „s-z", „w-f", „i-e", „o-u" usw.), *so* wie dies von der Mutter schon gleichfalls richtig beobachtet und beschrieben worden war.

Dies erklärte auch in etwa die Schwierigkeiten der Schülerin in der Rechtschreibung, besonders beim Diktat.

Ich bat die Mutter, ihr Kind ohrenärztlich untersuchen zu lassen und nannte ihr Möglichkeiten für ein individuelles häusliches Üben (Abhörübungen, leichtes Regeltraining und richtiges Drei-Stufen-Lesen).

Das ärztliche Ergebnis erbrachte keinen organischen Befund.

Nun nahmen wir eine Diagnose nach der Schalltherapie von Dr. Chr. A. Volf vor. Die Messungen mit aufgesetzten Stimmgabeln zeigten, daß der Schall an bestimmten Punkten des Kopfes nicht „über Kreuz" weiterging. Die Audiometermessungen bestätigten, daß dieses Kind – wie viele andere von LRS-Betroffenen auch – nicht auf jedem Ohr gleich hörte, so daß es fehlhörig war. Wahrscheinlich war es dadurch auch zu diesen Wahrnehmungstrennschärfefehlern beim Diktat gekommen. Wir schlugen ein Hörtraining vor.

Ohne Probleme nahm Marlies dieses Angebot an, hielt die Behandlung gewissenhaft und konsequent ein und erschien pünktlich zu jeder Nachkontrolle.

Schon nach der ersten Kontrolluntersuchung berichtete die Mutter von den erfreulichen Veränderungen ihres Kindes in bezug auf Verhalten und schulische Leistungen.

Nicht alle Legastheniker benötigen ein Hörverarbeitungstraining, eine Sprachheiltherapie, ein psychomotorisches Training, eine Stimulantiumbehandlung (Innere Angleichung) oder eine Lesebrille. Alle diese Maßnahmen bzw. Hilfsmittel sind Möglichkeiten, um den Betroffenen bei der Überwindung ihrer Teilleistungsstörungen *mithelfen zu können*.

Doch weiterführende pädagogische Übungen dürfen natürlich nicht fehlen.

Bei einer der nächsten Nachprüfungen bestellten wir die ältere Tochter dazu, die bis dahin immer noch nicht so recht das Problem der jüngeren Schwester einordnen konnte. Bei ihr gab es weder bei der Stimmgabel – noch bei der Audiometermessung irgendwelche Abweichungen. Verblüfft konnte sie augenscheinlich die beiden aufgezeichneten Körperschemata vergleichen und erst jetzt die Schwierigkeiten ihrer kleinen Schwester richtig einordnen. Auch hier war das „Aha-Erlebnis" gekommen und hatte sich segensreich auf das Zusammenleben der Familie ausgewirkt.

Die Mutter sagte mir später: „Ich hab' es ja erst selbst nicht glauben wollen. Aber es hat geholfen! Seit der Schallwellentherapie hat sich bei Marlies alles geändert. Sie ist nicht mehr so anfällig für Infektionen, sie ist ausgeglichener, konzentriert sich besser, schreibt nicht mehr so viel Fehler in den Diktaten. Sogar ihre neuen Englischvokabeln behält sie besser. Was bin ich froh, daß ich meine Marlies zu Ihnen gebracht habe! Mir haben vor allem die befreienden Gespräche so sehr geholfen."

Das Hörverarbeitungstraining hatte nach dem Ergebnis des Wiederholungsaudiogramms zu einer Verbesserung der Hörfähigkeit mit positiven Auswirkungen auf die Rechtschreibleistungen des Mädchens geführt. Die Lernrückstände im Deutschbereich waren nicht zu groß und schwer, so daß ich Möglichkeiten für gezieltes häusliches Üben anbieten konnte. Das Angebot wurde von Mutter und Kind gern angenommen. Die Mutter-Kind-Beziehung war nicht gestört und wurde auch bei der Art dieses Falles nicht belastet.

Die Schuldkomplexe der Mutter allerdings mußten unbedingt beseitigt werden. In diesem Fall gelang es durch „befreiende" Gespräche. Solche mütterlichen Fragen nach Eigenschuld können sich negativ auf Verhalten und Lernvermögen eines Kindes auswirken. So kam es nicht nur zu einem erfreulichen Schulverlauf bei diesem Mädchen, sondern auch zu einer Befreiung in der Familie.

### „Befreiende" Gespräche in der Therapie

Wenn Mütter mir ihre Sorgen anvertrauen wollen, dann kann das nicht nur bei der Anamnese oder bei vereinbarten Terminen sein, sondern besonders dann, wenn die Not am größten ist. Das kostet Zeit.

Ich bitte jede Mutter darum, zur Fallnachbesprechung des Kindes nach Möglichkeit einen anderen Erziehungsberechtigten zusätzlich mitzubringen, damit der Kreis der Problemverständigen größer wird. Z. B. sind Väter ebenso betroffen von der Situation ihrer Kinder, doch sie geben sich im allgemeinen anders, vielleicht gefaßter.

Mütter können es nicht begreifen, daß sie ihren Kindern, die sie sechs (sieben) Jahre so „gut" großziehen konnten, nun nicht mehr helfen können. Als ihre kleinen Kinder Bauchweh hatten, konnten sie ihnen durch mütterliche Möglichkeiten, durch Hausmittel oder durch den „Onkel Doktor" Heilung bringen. Dem „Schulbauchweh" ihrer Schulkinder dagegen stehen sie fassungslos und hilflos gegenüber. Sogenannte überängstliche Mütter kann ich verhältnismäßig schnell wieder beruhigen, wenn ich ihnen die Situation der betroffenen Kinder erkläre und ihnen Möglichkeiten zum sinnvollen Helfen nenne. Sie sind mir lieber als solche, die ihre Kinder schon aufgegeben haben: „Der/die schafft es ja doch nicht."

Doch manchmal muß ich Mütter regelrecht aufbauen, besonders dann, wenn sie meinen, mir anvertrauen zu müssen, daß ihnen wieder einmal die ‚Hand ausgerutscht' ist.

Dann erzähle ich ihnen von mir, daß ich zwar als Lehrerin (und heute noch als Therapeutin und Großmutter von acht Enkelkindern) unendlich viel Geduld aufbringen konnte und kann, aber als Mutter auch manchmal explodierte. Meine eigenen sechs Kinder haben qualifizierte Berufe erreicht, keiner war von der Legasthenie betroffen, aber auch in deren Schulzeit ist es nicht immer problemlos zugegangen.

Manchmal erzähle ich den Müttern von einer Situation, in der auch *mir* die Geduld bei Ratsuchenden ausgegangen ist – nach dem plötzlichen Tod meiner ältesten Tochter. Sie war eine sportliche, blühende Frau, Mutter von zwei Kindern und hatte als Lehrerin an ihrer Schule auch als Legasthenieobmännin für LRS-betroffene Kinder gewirkt. Eine heimtückische Krankheit hatte sie innerhalb von fünf Tagen weggerafft. Wenn mich danach Mütter um Hilfe baten, dann schrie ich sie an: *„Ihr* Kind hat *nur* Legasthenie, *meins mußte* sterben!"* Ich haderte mit meinem Schicksal, bis ich meinte, Juttas Stimme zu hören: „Aber Mutti, diese Kinder können doch nichts dafür!"

Nein, sie können wirklich nichts dafür. Und seit dieser Zeit helfe ich weiter. Zuletzt erzähle ich meist noch von meiner eigenen Mutter, die unendlich viel Zeit und Geduld für ihre beiden Kinder aufbringen konnte: Sie lachte mit uns, sie sang uns eine Vielzahl von Liedern vor, malte die originellsten Bilder, wußte unendlich viele Märchen und Geschichten zu erzählen – kurzum, sie war eine „Bilderbuchmutter" (ich hatte außerdem noch zwei „Traum-Großmütter"). Doch auch meiner Mutter ist eines Tages der „Geduldsfaden" gerissen, ausgerechnet bei mir – beim Lesenerlernen.

Buchstaben (Laute) zu Silben zusammenzuschleifen, das ist ein Problem vieler Kinder und kostet sie manche Tränen. Anscheinend konnte auch ich zuerst diese Hürde nicht nehmen.

Meine Mutter versuchte nun, mir etwas zu vermitteln, was bislang meiner Lehrerin in der Schule noch nicht geglückt war. Sie probierte es mit allen mütterlich-pädagogischen Tricks und unendlicher Langmut. – Doch immer umsonst. Da – eine plötzliche „Aufweckohrfeige" und ein Aufschrei: „Das heißt ‚ma' und nicht ‚m-a'! Du kannst doch auch ‚Mama' sagen – und nicht ‚M-a, M-a'!" Unser *beider* Geschrei war anscheinend so groß, daß meine Tante, die nebenan wohnte, eingreifen mußte. Bestürzung – bei Mutter und Kind! Ich bin dennoch nicht nur eine gute Schülerin, sondern auch eine regelrechte „Leseratte" geworden. Möglicherweise hat auch meine *damalige* Enttäuschung und Wut über so eine ungerechte Mutter meinen Ehrgeiz mitbeflügelt.

Jeder Mensch kann einmal die Geduld verlieren – auch eine Mutter.

## 4. Fallbeispiel: „Üben, üben und nochmals üben!"? – Die BEDEUTUNG von Sprache und Hören beim Rechtschreiben

Aus einem lebensfrohen Gesicht strahlten mich die Augen dieser hübschen Mutter an, die bei ihrem ersten Besuch – zu ihrer mitgebrachten Tochter gewandt – hoffnungsvoll sagte: „Siehst du, Marianne, das ist die Frau Soremba, die dir endlich helfen wird. Wissen Sie, Frau Soremba, seit meiner Schulzeit beschäftige ich mich schon mit der Legasthenie, weil ich selber diese Schwäche habe!"

Etwas Skepsis dagegen stand in dem liebenswerten Gesichtchen der Tochter geschrieben. Doch meine ersten Fragen beantwortete sie mir frei und offen. Dabei konnte ich bemerken, daß Marianne lispelte, daß sie z. B. die S-und Z-Laute nicht richtig aussprechen konnte. Auch das Sprachtempo war häufig überhastet. Auf Befragen bestätigte die Mutter, daß ihr Kind eine Sprachtherapie erhalten hatte. Es war also noch eine Restsymptomatik einer Sprachentwicklungsstörung zu beobachten. Als Folge der gestörten Sprache traten nunmehr Schwierigkeiten im Bereich der Rechtschreibung auf.

Ich bat die Mutter, bei Marianne eine Hörüberprüfung vornehmen zu lassen, da nicht selten Hörausfälle – wie bei ähnlich gelagerten Fällen – gerade für den Bereich der S-Laute festgestellt worden sind.

Im nachfolgenden diagnostischen Stufentest zeigten sich ebenfalls Wahrnehmungstrennschärfefehler, besonders zwischen „S und Z", außerdem gehäuft Wahrnehmungsdurchdringungsfehler („Gaten – Garten") und sprachliche Ungenauigkeiten (wie z. B. „Eima-Eimer", „Vata-Vater").

Intensiv und mit voller Konzentrationsfähigkeit hielt dieses Mädchen auch die weiteren Überprüfungen durch. Dankbar leuchteten mich Mariannes Augen bei jedem „Zwischen-durch-Hinweis" an, wenn ich ihr bestätigte, *was sie konnte* und wie sauber ihre Schriftführung war. „Bin ich wirklich nicht dumm?" fragte sie mich anschließend leise. Ich zuckte innerlich zusammen. Aus welcher Seelennot kam diese An-frage, wie tief war dieses Kind wohl schon wegen seiner Lese-Rechtschreibproblematik beleidigt worden?

Aus der förderdiagnostischen Überprüfung und aus der er-sten Zeugnisanalyse ergaben sich keine Hinweise auf eine Beeinträchtigung der intellektuellen Leistungsfähigkeit.

Eine spätere – von mir vorgeschlagene – kinder- und ju-gendpsychiatrische Untersuchung erbrachte folgenden Be-fund: „Die Psychodiagnostik bestätigte eine zumindest durchschnittliche, wenn nicht sogar hohe intellektuelle Be-gabung. Das Mädchen müßte aufgrund dieser IQ-Werte durchaus auch den Anforderungen einer Realschule gewach-sen sein. Zusammenfassend kann die Diagnose einer Lese-Rechtschreibschwäche nur bestätigt werden. Es besteht kein Zweifel, daß dieses Mädchen über die Teilleistungsstörung hinaus inzwischen eine massive sekundärneurotische Pro-blematik entwickelt hat. Marianne ist außerordentlich miß-erfolgsorientiert, psycho-vegetativ erheblich labilisiert und fühlt sich durch die enormen Leistungsprobleme zutiefst ge-kränkt. Die Kränkung hat inzwischen auch die Familie er-reicht und ist nachvollziehbar."

Ich konnte dem Mädchen nach diesem ärztlichen Befund und meinem Überprüfungsergebnis mit doppelter Überzeu-gung die bange Frage beantworten: „Du bist nicht dumm! Du hast *nur* Lese- Rechtschreibprobleme. Das haben viele andere Kinder auch. Aber man kann euch helfen." „Wenn Sie mir nur zeigen, wie ich das machen soll", ihre Stimme überhastete sich wieder beim Sprechen, „dann will ich ja gern für *Sie* üben!" Wieder war ich tief betroffen. Für *mich* wollte dieses Kind üben, und es hatte mich doch gerade erst kennengelernt.

Die Mutter schilderte mir auch noch schriftlich den Lei-densweg von Marianne und – damit natürlich verbunden – auch *ihre* jahrelangen Belastungen:

„Ende des 3., Anfang des 4. Schuljahres bemerkten wir bei Marianne große Schwierigkeiten bei der Rechtschreibung. Ungeübte Texte bereiteten ihr immer wieder große Mühe, so daß die Note ‚Fünf‘ oder ‚Sechs‘ immer darunterstand. Trotz Übungen zu Hause, Förderunterricht in der Schule und privaten Nachhilfestunden bekamen wir das Problem nicht in den Griff. Da wir einen großen Haushalt führen – auch die Großeltern wohnen unter einem Dach – kam es öfter zu Spannungen. Marianne bekam leider hin und wieder mit, daß der Grund dieser Auseinandersetzungen ihre Rechtschreibschwäche war und litt darunter. Da wir und auch Marianne alles versuchten, ohne daß sich ein Erfolg einstellte, bekam unsere Tochter immer mehr Angst vor jedem Diktat. In dieser Zeit schlief sie sehr schlecht, hatte schon vor Schulbeginn Kopfschmerzen oder Bauchweh. Dieser Zustand verschlimmerte sich natürlich noch mehr, weil einige ihrer Mitschülerinnen anfingen, Marianne wegen ihrer Schwäche zu hänseln. So kam Marianne, die sonst sehr gern zur Schule ging, immer häufiger weinend nach Hause. Selbst in der Freizeit machten ihr einige Kinder das Leben schwer. Leider bekam unsere Marianne in dieser Zeit überhaupt keine Hilfe von seiten ihres Klassenlehrers. Dieser brachte kein Verständnis für sie auf. Auch als ich mich mehrmals mit ihm unterhielt, was wir denn machen könnten, bekam ich zu hören: ‚Üben‘! Auf meine Frage, was und wie, sagte er nur wieder: ‚Üben‘! Ich hätte nunmal ein lernschwaches Kind, das die ‚OS‘ wohl nicht schaffen würde. So wurde mir klar, daß wir von ihm gar keine Hilfe zu erwarten hatten, weil er Marianne für ‚dumm‘ hielt.“

Bei meinem späteren Telefonat mit dem Lehrer merkte auch ich sehr schnell, daß von ihm kein Verständnis und keine Hilfe für Marianne zu erwarten waren. Aber der Schulstufenwechsel stand vor der Tür, und so sparten wir unsere kampfbereiten Kräfte für den nächsten Schulabschnitt von Marianne auf.

Inzwischen hatte ich schon mit der Therapie bei Marianne

begonnen. Um dem Kind zu einem sauberen, geordneten Hören zu verhelfen, hatten mein Sohn (er ist Schalltherapeut) und ich mit der Mutter und dem Kind eine Schalltherapie nach Dr. Chr. A. Volf besprochen. Die entsprechenden Überprüfungen belegten, daß das Mädchen fehlhörig war. Es hörte mit dem linken Ohr schneller und besser, doch das rechte Ohr sollte die Führungsrolle übernehmen. Durch ein Hörverarbeitungstraining konnte eine Verbesserung des differenzierten Hörens erreicht werden. Dieser Erfolg führte wiederum zu positiven Auswirkungen im Rechtschreibbereich, wie es sich später herausstellte.

Entscheidend bei dieser Behandlung ist, daß sie vom Kind konsequent eingehalten und vom Elternhaus entsprechend überwacht wird. Diese zwingende Forderung ist z. B. auch beim Tragen einer Lesebrille notwendig, die gar nichts nützt, wenn sie nur in der Schublade liegenbleibt.

Ich gehe in meiner Konsequenz sogar so weit, daß ich Kinder nach Hause schicke und nicht mit der Therapie beginne, wenn die Schüler (wiederholt) ihre Lesebrille vergessen haben. Oder ich breche eine Schallbehandlung ab, wenn ich Versäumnisse aufdecke.

Hier war es nicht der Fall!

Es war erstaunlich, mit welch einer Begeisterung das Kind alles annahm, was ihm Erfolge verschaffen konnte. Mit viel Fleiß arbeitete es mit und erledigte zu Hause mehr, als ich ihm nur andeutungsweise aufgab. Grammatische Regeln, die ich auch solch intelligenten Kindern verstärkt vermittle, begriff Marianne sehr schnell, und dies verschaffte ihr wiederum offensichtliche Erfolge in der Schule. Ihr Redefluß mußte aber gebremst und kleine vernehmbare Sprachungenauigkeiten mußten mit korrigiert werden. So setzte ich mit gutem Erfolg vielfältige Übungen zur Sprachdurchgliederungsfähigkeit ein. (Eine größere Sprachheilbehandlung gehört in die Hände der *dafür* zuständigen Fachleute: Logopäden oder Sprachheillehrer). Den Einsatz der Handzeichen nahm Marianne gern an, und auch das Hörverarbeitungstraining wurde von ihr gewissenhaft eingehalten. Intensive

Übungen benötigte sie allerdings zum Erhören und Unterscheiden von „S" und „Z", wobei wieder die Handzeichen gute Hilfe leisteten. So stellte sich letztlich auch der Erfolg ein, sowohl in ihrem Selbstwertgefühl als auch bei den meßbaren schulischen Leistungen. Sogar in der Rechtschreibung gab es zunehmend mehr erfreuliche Erfolge.

Diese Ergebnisse waren in dieser Zeit mit Sicherheit auch dem Verständnis ihres neuen Klassenlehrers zu verdanken.

Die Mutter beschrieb diesen Lehrer und den weiteren positiven Lernverlauf des Kindes in einem weiteren Brief:

„Der Lehrer kannte nicht nur das Wort ‚Legastheniker', sondern er wußte auch um die Bedeutung für das Kind, das darunter zu leiden hatte. So war die Zusammenarbeit von Lehrer, Frau Soremba und der Familie die Basis für das gute Gelingen. Marianne blühte richtig auf, wurde mutiger und freier. Es gab keine Schlafstörungen mehr, und auch die Kopfschmerzen und Bauchschmerzen fielen weg. Marianne ging jetzt – und geht auch heute noch – gut gelaunt zur Schule und kam glückstrahlend heim. Selbst den Lehrern fiel Marianne positiv auf, weil sie der Sonnenschein der Klasse geworden war. Die häuslichen Spannungen sind auch verschwunden. Ja, wir können uns mit anderen Leuten über Mariannes Schwierigkeiten unterhalten, ohne daß wir uns deshalb schämen. Auch Marianne spricht frei davon und versucht ihrerseits, durch Übungen besser zu werden!"

Vor kurzem meldete sie ihre jüngere Tochter ebenfalls für eine Therapie bei mir an, zumindest sollte sie schon „auf die Warteliste" kommen. Ich bat die Mutter, die Problematik dieser Tochter – aus ihrer Sicht – in einem kurzen Bericht aufzuschreiben:

„Da ich, wie schon erwähnt, selber diese Schwäche habe und Marianne auch, paßten wir natürlich sehr sorgfältig auf unsere mittlere Tochter auf. Denn Carola, die jetzt zehn Jahre alt ist, hatte bis zu ihrem vierten Lebensjahr nur fünf Wörter im Gebrauch, sonst schwieg sie. Dann mit vier, wollte sie alles auf einmal loswerden. Die Wörter sprudelten nur so aus ihr heraus. Nach einer ärztlichen Untersuchung bekam Carola zehn Stunden Sprachunterricht verschrieben. Doch ganz konnte das Problem dadurch nicht gelöst werden. Sie spricht immer noch sehr schnell, daß man das Gefühl hat, die holt ja gar keine Luft dabei. Da Carola unheimlich aufgeweckt, neugierig und temperamentvoll ist, glaubte sie am Anfang ihrer Schulzeit, es würde ihr alles zufliegen, ohne daß sie etwas tun mußte. Bis auf einen Punkt stimmte es ja auch, und dieser Punkt war die Rechtschreibung. Geübte Texte schaffte sie ohne große Probleme mit einem oder zwei Fehlern. Doch die ungeübten gingen daneben. Bei einer Überprüfung durch Frau Soremba stellten wir dann auch fest, daß Carola unter einer Rechtschreibschwäche litt.

Carola ist wesentlich empfindlicher als Marianne. Bei Schulversagen gelingt es ihr nicht, dieses Versagen im Schlaf zu vergessen, und sie näßt dann nach einer mißratenen Arbeit wieder ins Bett. Wir hoffen jetzt natürlich mit der Hilfe von Frau Soremba und ihrer Klassenlehrerin (die sehr mithelfen will), das Problem schnell in den Griff zu bekommen, bevor Carolas kleine Seele einen Knacks bekommt."

Auch bei diesem Mädchen zeigte sich, daß die Grundursache seiner Lese-Rechtschreibschwäche ebenfalls in einer Sprachentwicklungsstörung zu suchen war (Angermaier 1974).

Inzwischen liegt auch das Ergebnis einer differenzierten Diagnostik einer kinder – und jugendpsychiatrischen Untersuchung vor:

„Auch bei diesem Kind der Familie ist die Sprachentwicklung auffällig verlaufen. Das Mädchen wird als enorm aktiv und frohgestimmt – doch mit starken Versagensängsten im Hinblick auf die Rechtschreibung – geschildert. Teilleistungsstörungen – besonders im sprachlichen Bereich – LRS-Symptome mit ausgeprägten emotionalen Folgeerscheinungen werden beschrieben. Auch dieses Mädchen bedarf bei einer weiteren fachärztlichen Begleitung einer gezielten Lerntherapie."

Im Sommer kann ich nun Marianne mit einem guten Gefühl aus der Lerntherapie entlassen.

Das Problem dieser *beiden* Kinder einer Familie lag nicht etwa in einem Mangel an Intelligenz, sondern in der stark eingeschränkten Fähigkeit, Sprache zu verarbeiten.

Mit ‚Üben, üben und nochmals üben!' – *allein* – wäre hier sicher nicht zu helfen gewesen.

## Sprache und Musik fördern auch das Kleinkind

Auch Mütter von Kleinkindern fragen oft:

„Wie (früh) kann ich es verhindern, daß mein Kind später in der Schule Probleme beim Lesen und Schreiben bekommt"?

Ich möchte den Fragenden dazu drei Ratschläge erteilen:

*a) Sprechen Sie mit Ihren Kindern – so viel wie möglich!*
Der erste Liebesbeweis, den eine frischentbundene Mutter ihrem Baby gibt, ist meist ein freudvoller Aufschrei: „Mein Kind! Ist es gesund?"

Diese Kleinen orientieren sich schon früh nach *dieser* Stimme, sie nehmen sie *wahr*, sie drehen ihr Köpfchen danach oder versuchen, sie durch ihr Schreien wieder heranzulocken. Eine noch so gute kindliche Pflege *ohne* Sprache kann tödlich sein. So erzählt eine alte Mär, die in manchen Religions- oder Lesebüchern nachzulesen ist: …Ein grausamer, selbstherrlicher Kaiser wollte vor den anwesenden Gelehrten seines Landes folgende Behauptung beweisen: Die erste Sprache auf dieser Welt sei die Sprache seines Reiches gewesen. So ließ er also 12 Neugeborene von ihren Müttern rauben, sie von Ammen stillen und bestens pflegen. Aber unter Androhung der Todesstrafe durfte keine Pflegemutter auch nur ein einziges Wort mit dem Baby sprechen. Seiner Meinung nach hätten dann die ersten Wörtchen der Kleinen den Beweis der ersten Sprache liefern müssen… Die Geschichte endet: …Ein Kind starb nach dem anderen. Sie welkten dabei wie Blümchen, die nicht gegossen wurden und keine Sonnenstrahlen erhielten.

Benutzen Sie, liebe Mütter und Väter, Ihre Sprache als Liebesbeweis, als Erziehungsmittel aber auch *als sprachliche*

*Frühförderung*, als Intelligenzförderung. Dazu wieder ein Beispiel aus meiner Großfamilie: Unser jüngstes Enkelkind wohnt mit seinen Eltern in unserem Drei-Familienhaus. So können wir bewußt (vielleicht bewußter, als es uns damals als Eltern von sechs Kindern möglich war) das Heranwachsen – besonders die Sprachentwicklung – dieser Enkelin beobachten. Auch wir sprechen mit der Kleinen in der natürlichen Umgangssprache, beantworten ihre vielen „Warum-Fragen" laut, deutlich und geduldig und lassen sie überall mithelfen, auch wenn es einmal Scherben gibt. Doch: Märchen erzählen, von Oma, in „ihrem" Zimmer, allein mit ihr (höchstens unser Hund darf dabei sein), das ist das Höchste! Da leuchten ihre Augen, da blättern die Finger mit, da ahmt sie die Stimmen der Tiere nach (die nie fehlen dürfen), da lehnt sie sich an mich, wenn „spannende" Stellen kommen ... Wie früh kann ich dadurch schon die Phantasie, das Einfühlungsvermögen, die Vorstellungskraft der Kleinen anregen und zusätzlich ihre sprachliche Entwicklung mitfördern.

Ein Kind, das bei Schuleintritt flüssig sprechen kann und über einen guten Wortschatz verfügt, bringt beste Voraussetzungen mit für die Umsetzung von gesprochener Sprache in Schriftsprache. Sprechen Sie also vom ersten Tage an mit ihm, aber nie in der sogenannten Babysprache. Erzählen Sie ihm jede Verrichtung, die es bei Ihnen beobachtet, und bei der es „mithelfen" will so, als würden Sie mit einem Erwachsenen sprechen. Nur: Sprechen Sie dabei langsam, deutlich, gut artikulierend mit Gestik und Mimikbegleitung. Das allerdings, sollten Sie schon an sich beobachten und eventuell verbessern lernen.

Manchmal kommen darauf Einwände: Das kann doch so ein Kleines noch gar nicht verstehen, man würde es überfordern. Überfordern würden Sie allerdings Ihr Kind dann, wenn Sie am nächsten Tag *abfragen* wollten, was Sie ihm da am Vortage beigebracht haben, bzw. wenn Sie es tadeln würden (dann könnte es sogar bei ihm zu einer Sprachverweigerung kommen).

*Was* so ein Kind wirklich versteht, was es aufnimmt, was es richtig einordnet usw., ist oft wirklich verblüffend, ganz unvorstellbar und unbeschreiblich!

Verlassen Sie sich bei Ihrem Sprechen ruhig auf Ihren „Instinkt". Sie bemerken schon selbst, *was* das Kind mit Interesse verfolgt (auch wenn Sie es am Anfang nur in seinen Augen ,lesen' können) oder wenn es sich gelangweilt fühlt oder sich überfordert abwendet.

Wir wissen nicht, wann es „speichert", aber wir wissen, daß das menschliche Gehirn mit fünf Jahren zu 80 % und mit acht Jahren fast völlig entwickelt ist. Und wir wissen auch, daß bei einer Sprachstörung (Hirnstörung) eine Frühförderung die besten Erfolge bringt. Besonders in den ersten vier Jahren ist die Plastizität des Gehirns so groß, daß vorhandene Defizite noch kompensierbar sind. Mit zunehmendem Alter nimmt sie kontinuierlich ab, so daß mit fortschreitendem Schulalter therapeutische Möglichkeiten eingeschränkt sind. Eine LRS-Störung ist also durch eine erfolgreiche sprachtherapeutische Frühförderung zu vermindern oder sogar zu verhindern. Eine Sprachtherapie sollte also nach Möglichkeit *vor* Schuleintritt erfolgen, damit das Kind in der Schule gleich mithalten kann und nicht zurückbleiben muß.

Gutes Sprechen ist für die geistige und seelische Entwicklung des Kindes unerläßlich. Auch Bilderbuchbetrachtungen, Vorlesen, Vorerzählen von Märchen fördern das Nachfragen, Nachsprechen Ihres Kindes. Der Vorzug des Märchen*erzählens* liegt darin, daß man „kritische" Stellen – entsprechend dem Gemütsempfinden der Kinder – allgemein anpassen, d. h. verändern kann. Doch auch das Vorlesen hat seinen Stellenwert. Auch wenn die Märchen für Erwachsene geschrieben worden sind und an einigen Stellen grausam klingen mögen, *so grausam* – wie einige Fernsehsendungen, die sich zum Teil schon die ganz Kleinen anhören *und* unkontrolliert ansehen müssen – sind sie mit Sicherheit *nicht*.

*b) Singen Sie mit Ihren Kindern – so viel wie möglich*

Singen Sie mit Ihrem Kindchen vom ersten Tag an! Und wenn Sie es dabei in einer Wiege schaukeln und dabei sein Gleichgewichtssystem mit stimulieren könnten, dann wäre es noch besser!

Singen Sie am Tage oder summen Sie es am Abend mit einem Wiegenliedchen in den Schlaf! Oft höre ich die Einwände: „Ich kann nicht (mehr) singen. Zu Hause (in der Schule) ist auch nicht (genug) mit mir gesungen worden!" Aber summen, brummen, krächzen, weinen, schluchzen usw., das können Sie doch? Kleine Kinderliederbücher sind ganz preiswert! Die einfachen Liedchen können schnell erlernt oder wiedererlernt werden. Und ob Sie falsch oder richtig singen, laut oder leise, tief oder hoch (jeder kann ablösen: Papa, Oma, Opa, usw.) Ihr Kind wird Sie nicht „prüfen"! Sie werden es höchstens an seinen Reaktionen merken, wie es Ihnen dankbar ist, wie es jauchzt, nachlallt, es bald selbst probiert – oder auch einschläft. Und Sie erreichen noch *viel mehr damit*, was ja in Ihrer Frage zu Anfang steckte: Sie schulen (fördern) *früh* die akustische Differenzierungs- und Gliederungsfähigkeit seines Gehirns, eine Grundvoraussetzung für eine – spätere – Rechtschreibsicherheit. Denken Sie an die „Urlaute" der Natur, mit denen z. B. Tiere ihre Jungen rufen, locken, warnen, erziehen usw. Denken Sie an die „Naturlaute" der Naturvölker, wenn die Eingeborenenmütter ihre Säuglinge auf dem Rücken tragen und dabei *singend* ihre Arbeit verrichten.

Es ist Mode geworden, anstatt eines Schlafliedchens über dem Bettchen des Babys ein Mobile einzuschalten, das Abend für Abend das feine Gehör des Kleinen mit *einer* Melodie einspurt und damit einengt. Doch Mutti und Vati strahlen, denn das Kleine schläft ja friedlich. Natürlich können Sie ein Mobile *mitverwenden* – aber nicht *ausschließlich* einsetzen. Die „musikalische Frühförderung" Ihrer Kinder muß im *Singen* anfangen. Musikinstrumente können später (zusätzlich) eingesetzt werden (in einer LRS-Therapie z. B. ist Musik, Tanz, Rhythmik gar nicht wegzudenken).

*c) Verwöhnen Sie Ihre Kinder – so wenig wie möglich! Und: Zeigen Sie ihnen rechtzeitig Grenzen!*

Das Erscheinungsbild der Familie hat sich verändert. Die Großfamilie, die frühzeitig für Einhaltung von Regeln sorgt, wo die älteren Geschwister das Versorgen und Erziehen der jüngeren Geschwister mitübernehmen, ist zur Seltenheit geworden.

Berufstätige Eltern müssen oft Alleinerzieher sein, und ihre Kinder sind am Nachmittag oft sich selbst überlassen. Das Fernsehen – eine „Bewegungsbremse" – mit seinen positiven aber auch negativen Auswirkungen von unkontrollierten Fernsehsendungen, spielt „Kindermädchen". Im Kinderzimmer häuft sich das technische und mechanische Spielzeug. Spielsachen, die sich von Kindern nicht „*hand*haben" lassen, fördern auch nicht die schöpferische Fähigkeit und die Weiterentwicklung des Gehirns. Monster und andere Unwesen glotzen einen an. Kinderzimmer überfüllen sich mit Spielsachen und verwandeln sich förmlich in Spielzeugläden. Kinder können nicht mehr allein spielen und „nerven" ihre Eltern.

Dagegen regen Spielsachen aus „einfachen" Materialien die Phantasie des Kindes an. Mir fällt wieder ein Erlebnis mit einem meiner Enkelkinder ein: Eine Enkelin ist sehr kreativ, einfallsreich und erfinderisch. Ich beobachtete in ihr zunehmend mehr den Gestaltungssinn und die logische Denkfähigkeit ihrer Eltern. Das Mädchen konnte als Kleinkind – auch jetzt noch – gut allein spielen.

Es hatte sich einmal aus alten Kartons (es waren mehrere) ein Puppenhaus gebastelt, dessen Stockwerke beweglich und verschiebbar waren. Wenn ich zu Besuch kam, worauf sie sich immer besonders freute (wie auch heute noch), gab es „unsere" Spielstunde in ihrem Zimmer mit ihrem Puppenhaus. Dabei durfte uns keiner stören, und ich wirkte voll mit, wobei *sie* in ihrer Phantasie die „Führung" übernahm. Zu einem Weihnachtsfest hatten sich die Eltern als Geschenk etwas Besonderes ausgedacht: Ein modernes, mehrstöckiges

Puppenhaus aus Holz. Als die Mutter – kurz vor der Besche-
rung die jetzt „unnötig" gewordenen Kartons wegräumte, da
gab es anschließend Tränen bei meinem Enkelkind. So schön
auch das gekaufte Puppenhaus war, das *selbstgebastelte* war
das bessere gewesen.

Eine verwöhnende Erziehung, die sich auch im menschlichen Zusammenleben negativ auswirken kann, hat sich in
die Erziehungsvorstellungen einiger Eltern eingeschlichen:
Mein Kind soll es besser haben als ich!

Schenken Sie Ihren Kindern das, was Sie *nicht kaufen* können: *Liebe, Geborgenheit, Zeit, Geduld, Verständnis und
Konsequenz.*

## 5. Fallbeispiel: Können drei so unterschiedliche Kinder miteinander arbeiten? – Die BEDEUTUNG einer homogenen Lerngruppe

„Frau Soremba, bitte helfen Sie mir," bat mich telefonisch
eine verzweifelte Mutter. „Ich halte das mit meinem Sohn
nicht länger aus! Daß er kaum lesen und rechtschreiben
kann, ist schon schlimm genug. Aber wie er mich behandelt, ist unerträglich. Und was die Schule mir vorwirft, ist
genauso ungerecht. Ich habe doch alles versucht, um diesem
Kind zu helfen. Meine Tochter hat überhaupt keine Probleme!

Mein Mann geht schon früh aus dem Haus, und wenn Robert dann zu mir in die Küche kommt, schimpft er auf mich
und auf die ‚Mistschule'. Am Vormittag habe ich dann schon
Angst vor Roberts Nach-Hause-Kommen. Wenn er zur Tür
hereinkommt, brüllt er, wirft die Schultasche in die Ecke,
schimpft auf die Lehrer und will keine Hausaufgaben machen. ‚Hat ja doch keinen Zweck', schreit er. Am liebsten arbeitet er nebenan beim Nachbarn auf dem Bauernhof. Dort
ist er sehr geschickt, und der Nachbar lobt ihn ständig. Bitte
helfen Sie uns, ich weiß nicht mehr weiter!"

Zufällig rief an diesem Tag noch eine andere hilfesuchende

Mutter an: „Ich hab' gleich zwei Kinder mit Rechtschreibproblemen. Ich glaube, das liegt bei uns in der Familie!"

In einem persönlichen Gespräch sprudelte es weiter aus ihr heraus: „Birgit ist nicht nur jünger, sondern auch wirklich kleiner und zart, Paul ist vier Jahre älter und ganz schön groß. Unser Paul könnte ganz gut die Realschule schaffen, und das will er ja so gern. Denken kann er und hat ordentliche Noten in Mathematik, Sachunterricht und in den Fleißfächern. Aber in Rechtschreibung – oh weh! Und die Kleine, die hat auch Probleme in der Rechtschreibung. Sie ist Linkshänderin und kann links und rechts in den Dingen des Lebens nicht unterscheiden. Aber das Schlimmste ist, sie will gar nicht mehr sprechen. Wenn ich ihr beim Einkaufen etwas Schönes schenken will, und sie frage, was ihr gefällt, sagt sie immer ganz teilnahmslos: ,Egal!' oder: ,Das mußt du wissen!' Sie sitzt allein zu Hause, spielt mit ihren Stofftieren und hat keine Freundinnen mehr. Bevor sie zur Schule ging, war sie ein lustiges, lebensfrohes Mädchen und hatte viele Spielgefährtinnen. Zuerst habe ich es mit Nachhilfe versucht. Dann habe ich noch alles Mögliche probiert, ihr Kopfschmerztabletten verschreiben lassen und einen Heilpraktiker aufgesucht. Unser Kinderarzt hat gemeint, da könnte eine Legasthenie dahinterstecken und dagegen gibt es kein Medikament. Er hat uns auch Ihre Adresse gegeben. Ich weiß nicht mehr weiter!"

Wie konnte ich hier helfen? Ich hatte keinen Therapieplatz mehr frei. Im Höchstfall konnte ich noch eine Stunde dazwischenschieben. Aber für welches Kind? Oder sollte ich an mir bekannte Nachhilfelehrer verweisen? Beide Mütter weigerten sich entsetzt, irgendwelche „Lerntips" noch an ihren Kindern ausprobieren zu wollen. Ich mußte also den Versuch starten, drei an Alter und Lernausfällen so unterschiedliche Kinder in einer Lerngruppe zusammenzufassen, um ihnen Hilfen zu vermitteln.

Ich dachte an die Zeit in der kleinen Landschule zurück, in der ich mehrstufig mit Kindern verschiedenen Alters arbeiten mußte. Die schwächer Lernenden der oberen Stufe konnten noch einmal bei der unteren und die schneller Begreifenden bei der oberen Klasse mitarbeiten. Dabei gab es kein Auslachen, sondern ein Mithelfen. Was „soziales Lernen" heißt, war in einem solchen System am besten zu erproben. Wie viele gute Lerneffekte konnte ich dadurch in meine späteren Therapien mit einfließen lassen. So ähnlich mußte es auch hier gehen.

Zuerst galt es, die Schwächen und Stärken der drei Kinder herauszufinden. Die Förderdiagnose deckte bei Robert ein Versagen im Lesen und Rechtschreiben auf.

Bei den zwei Geschwistern zeigten sich ausreichende bis befriedigende Leseleistungen. Die Fehleranalyse bewies bei allen drei Kindern Unkenntnis im Regelwissen und schwere Wahrnehmungsausfälle. Bei Birgit erreichten sie ihren Tiefstand im Nichterkennen der Wahrnehmungsrichtung. Robert war der mühsamste Leser mit der besten Schrift, doch am vorlautesten. Paul stand an erster Stelle im Lesen, im Schreiben sah es katastrophal aus, und er war anfangs sehr skeptisch gegenüber dieser Dreierarbeit. Birgit hatte eine mittelmäßige Schrift, war verlangsamt im Lesen und überängstlich.

„Robert, du hast eine schöne Schrift!" lobte ich ihn nach unseren ersten Schreibversuchen. Er schaute mich erstaunt an und betrachtete skeptisch sein Schreibwerk. „Das hat mir noch keiner gesagt. Die Lehrer schimpfen nur wegen meiner vielen Fehler. Lehrer sind sowieso alle doof." „Danke", sagte ich. „Wieso?" Er schaute mich verdutzt an, dann begriff er, und nun mußten wir beide lachen.

„Du schreibst wirklich gut!" riefen die beiden Geschwister impulsiv aus. Zweifelnd sah Robert seine Gefährten an: „Na, du schreibst aber gut und liest *außerdem* auch nicht schlecht", meinte er zu dem Mädchen.

„Meine Schrift könnte viel besser sein", bemerkte Paul mit einem leisen Unterton von Resignation. „Wird sie auch", mischte ich mich in die Betrachtungen der Kinder ein. Wir lachten über unsere gegenseitigen Komplimente – und lachten später immer sehr viel und gern in dieser einen Stunde pro Woche.

Die Kinder halfen sich dabei wechselseitig und tatkräftig bei der Überwindung ihrer Schwierigkeiten. Paul bekam Handauflockerungsübungen gezeigt. Ich erklärte ihm, daß feine Nervenstränge bei der Feinmotorik ihm nicht so genau gehorchten, er müßte sie durch ein Handtraining zum Auflockern bringen. Es wäre so ähnlich wie bei Menschen, die im Winter mit angefrorenen Fingern ins Haus kämen, dann müßten sie diese auch erst durch ein Anhauchen zur Beweglichkeit bringen. Wir zählten im vorhinein alle „I"-Punkte, die bei den vorgegebenen Wörtern auftauchten und lobten Paul, wenn er diese Oberzeichen nicht vergessen hatte. Dafür zerlegte Paul die zu erlesenden Sätze in Satzteile und Wortarten, und die beiden anderen lernten in der Grammatik dabei mit.

Birgit benötigte intensive Hilfen zur Überwindung ihrer Links-Rechts-Unsicherheit, und sie mußte im Lesen sicherer werden. Auch durch Aufgaben entsprechend einer sensomotorischen Übungsbehandlung bekam sie unter anderem ein Gefühl für räumliche Sicherheit (Frostig 1992). Nach einer Empfehlung zur augenärztlichen Untersuchung erhielt sie eine sorgfältig angepaßte Brille verordnet, die ihr eine zusätzliche Erleichterung, ein schnelleres Vorankommen beim Lesen verschaffte. Robert traute sich nach und nach vorzulesen und später auch das Erlesene nachzuerzählen. Zuerst begann er mit ganz leiser stockender Stimme, und wenn ihm im Anfang Fehler unterliefen, wollte er vorschnell wieder aufgeben. Doch die Aufmunterungen „Gut so! Mach weiter so!" spornten ihn immer wieder an. Die kleine Birgit, die immer lebhafter wurde, nahm sogar die beiden viel größeren Jungen mit „ins Schlepp". Diese erstaunliche Veränderung an dem Mädchen bemerkten nicht nur die Eltern und Lehrer, sondern bald auch die Freunde und Bekannten der Familie.

„Schon nach relativ kurzer Zeit ist Birgit ein lebensfrohes Mädchen geworden, hat wieder Freundinnen gewonnen und vor allem eine eigene Meinung bekommen. Damit ist nicht nur Birgit geholfen, sondern auch meiner Frau und mir der schwere Druck abgenommen worden." – So schrieb mir später der Vater der Geschwister.

Paul war und blieb weiter der eifrigste „Grammatikjäger" und überraschte uns immer wieder gern mit seinen erstaunlichen technischen Basteleien. Er will den qualifizierten Hauptschulabschluß ablegen, um damit auch den Realschulabschluß zu erreichen.

Birgit erfreute mit ihren geschickten Handarbeiten und farbenfrohen Zeichnungen, die sie gern mitbrachte. Sie sorgte durch ihre witzigen Einfälle für Lachausbrüche und bestimmte tatsächlich das allgemeine Arbeitstempo.

Robert konnte interessant von seinen Einsätzen als Feuerwehrhelfer oder als Treckerfahrer am Bauernhof berichten. Die Lesefertigkeit und das sinnverstehende Lesen stiegen bei ihm immer mehr an, und er traute sich, nach und nach, auch in der Schule freier zu sprechen. An seiner Rechtschreibung war allerdings nicht mehr viel zu verbessern. Zu viele „Fehlformen" waren – durch das sogar wiederholte Abschreibenmüssen der *rot* angestrichenen Fehler – inzwischen schon im Gehirn falsch programmiert. Damit war (auch hier wieder einmal) das Gegenteil von dem erreicht worden, was Rechtschreibvermittlung ermöglichen soll. Rote Farbe als optische Gliederungshilfe zum Einprägen von prägnanten Wortteilchen, Silben, Wortbausteinen, Ober- und Unterzeichen ist *einfach unerläßlich* und absolut *hilfreich*. Beim Unterstreichen und Hervorheben von Fehlern dagegen, erreicht rote Farbe *genau das Gegenteil*. Bei meinen Vortragsabenden und Fortbildungsveranstaltungen weise ich besonders darauf hin (vgl. „Die Angst vor dem Diktat nehmen").

Robert versuchte, die häufigsten „Stolperwörter" auswendig zu lernen und aufzuschreiben sowie lautreine Wörter nach dem Vorlesen niederzuschreiben. Nach und nach erlernte er es auch, zu dem Noch-Nicht-Gekonnten zu stehen. Er hat jetzt die Chance bekommen, das 9. Schuljahr zu wiederholen. Mit seinem ansteigenden Fleiß und seiner immer größer werdenden Ausdauer will und wird er es bestimmt schaffen. Er weiß, daß er den Hauptschulabschluß benötigt, um eine abgeschlossene Berufslaufbahn einschlagen zu können. „Na, Robert, wie geht es jetzt zu Hause?" „Meine Mutter nervt noch." Lächelnd frage ich zurück: „Und du?" „Na, es wird besser."

Nach jeder Therapiestunde benötigte er stets noch zehn Minuten für Alleingespräche mit mir, bei denen er sich allen Frust der letzten Woche von der Seele reden konnte. Auch diese Chance bekam er.

Diese Kinder sind nicht nur durch die Lerntherapie zu einer homogenen Gruppe geworden, sondern auch durch das Erkennen ihrer Schwächen und Stärken und durch *gegenseitiges Rücksichtnehmen und Helfen.*

### Die Angst vor dem Diktat nehmen – zu Hause

Zunächst einmal gilt für alle Eltern: Wenn Ihr Kind überhaupt noch bereit ist, häusliche Hilfe anzunehmen, dann sollte nur derjenige mit dem Kind arbeiten und üben, der imstande ist, auf die kleinsten Lernerfolge mit *Geduld* zu warten und sie entsprechend mit Zuspruch zu honorieren. Treffen Sie *klare* Absprachen: Wann, wie lange, wo? Dann können Sie entweder nur mit einzelnen Wörtern üben (mit den Wörtern „turnen") oder kleine und kurze Diktate schreiben. Wählen Sie dazu keine Diktate, die der Klassen*stufe* Ihres Kindes entsprechen, sondern solche, die viel weiter darunter liegen, oder kramen Sie alte Diktathefte Ihres Kindes heraus. *Sie* lesen Ihrem Kind den Text klar und deutlich vor, klären anschließend Verständnisfragen zum Inhalt. *Nun* geben Sie ihm eine Motivationshilfe: „Ich weiß, daß du schon viele Wörter richtig schreiben kannst!" (Bitte *nicht:* „Du kannst, wenn du *willst!"*) Die erste Aussage ist eine Tatsache und keine barmherzige Verschleierung. Denn wenn Ihr Kind überhaupt schon zu schreiben vermag, dann ist jedes neue Wort ein Zugewinn an vielen Wörtern.

Wenn z. B. auch nur das Stolperwörtchen „und" richtig geschrieben wurde, dann ist dies eine *Richtig*speicherung. Dieses Wörtchen klingt doch am Ende wie „t", – also *loben* Sie das Kind, wenn es dies Wörtchen am Ende richtig mit „d" geschrieben hat! Häufigkeitswörter können Sie aber auch zum Üben als „Wortbausteine" verwenden: Setzen Sie z. B. Großbuchstaben davor wie „H", dann wird daraus „Hund" oder „M", dann entsteht „Mund". So erhalten Sie Nomen. Dazu können Sie die Artikel suchen oder den Plural bilden lassen. Oder Sie setzen Kleinbuchstaben davor wie z. B. „r", dann wird daraus „rund"; „w", dann heißt es „wund", so bekommen Sie Adjektive. Oder Sie hängen an „rund" noch „en" an, dann gibt es ein Verb. So ähnlich können Sie weiterarbeiten. Ihr Kind merkt, wie es mit Wörtern *turnen* und wieviel es schon *richtig* schreiben kann. Achten Sie darauf, daß das Kind beim Niederschreiben des Wortes mitspricht, mitlautiert, die Pilotsprache verwendet. Dadurch werden zwei Sinne angesprochen, es entsteht eine „Partnerarbeit" im Gehirn, die Koordination klappt besser.

Zurück zum Diktat: Danach unterbreiten Sie Ihrem Kind ein Angebot: „Wenn ich dir jetzt langsam diktiere, und du hörst trotzdem ein Wort, bei dem du vor dem Niederschreiben Angst hast, dann laß eine Lücke! Ich lese das Diktat zum Schluß noch einmal vor, dann kannst du – wenn du willst – das fehlende Wort einsetzen – oder wir überlegen gemeinsam, warum es dir möglicherweise noch Schwierigkeiten (welche?) bereitet hat und schreiben es ‚richtig' hinein." Damit haben Sie schon *vorweg* dem Kind die Angst vor etwaigen Fehlern genommen.

Nach dem Diktat sehen Sie sich die Wörter mit dem Kind gemeinsam an. Alles Richtiggeschriebene wird in Grün unterstrichen, alles Falsche mit „Fehlerpflastern" überklebt. Das sind Etiketten, mit denen man z. B. Gefriergut beschriftet. Nun schreiben Sie in sauberster Schrift über die Klebestreifen das Wort *richtig* darüber. Diese Pflasterwörtchen tragen Sie wieder in sauberster Schrift untereinander in ein sogenanntes Fehlerpflasterwörterheft (DIN-A4-Format) ein. Aus dieser Sammlung heraus können Sie dann mit einigen dieser Wörter in den nachfolgenden Tagen üben und dazu auch Regelkenntnisse anbieten: Zum Auffrischen des eigenen Regelwissens empfehle ich Eltern z. B. das Buch „Die Regeln der Deutschen Rechtschreibung" (Hohenwald 1976).

Für jedes *richtig* geschriebene Wort setzen Sie dann einen

Punkt neben dieses Wort. Stehen erst einmal sechs Punkte in einer Reihe nebeneinander, dann schreiben Sie eine „Sechs" – diesmal ist eine „positive" – an den Rand. Dann kann das Üben mit diesem oder mehreren solcher Wörter unterbleiben, weil diese bei Ihrem Kind wahrscheinlich schon richtig gespeichert sind. Als zusätzliche Motivationshilfe kann ein Schüler auch seinen eigenen Leistungsanstieg mitverfolgen, indem er notiert, wieviel Wörter er jeweils – in welcher Zeit – richtig geschrieben hat. Auch darüber kann er (man) Buch führen. So erleben diese Kinder auch noch den Zusammenhang zwischen persönlicher Anstrengung, Übungszeit, Durchhaltevermögen, Leistungsanstieg und Ergebnis.

Abschließend dazu noch eine Erinnerung für alle Erzieher: Wodurch haben *Sie* eigentlich das Sprechen und Laufen erlernt? Wenn Sie dazu auch – wie jedes andere kleine Kind – die *Fähigkeiten* schon als Baby mitbrachten, die *Fertigkeiten* (nämlich das Aufrechtgehen und die Erwachsenensprache) haben Sie nur mit Hilfe und Zuspruch Ihrer Eltern erwerben können.

Wenn ein Kind nach der Lallphase allmählich die ersten Wörtchen richtig *nachspricht*, dann löst das Jubelausbrüche in seiner Umgegend aus: „Das hört sich doch an wie ‚PAPA'!" (auch wenn es eigentlich auch nach ‚TA-TA' klingt). Solche und ähnliche Sprechversuche werden bestaunt, bejubelt, noch einmal *richtig* vorgegeben, *und so* kommen Kleinkinder allmählich im richtigen Sprechen *voran*. Und wenn das Kleinkind vom Stehen zum Laufen ansetzt, dann helfen ihm die Betreuer durch das Entgegenstrecken ihrer Hände. Sie rufen ihm Mut zu, und wenn es (wieder) einmal hinfällt, dann wird ihm aufgeholfen, und dieser Vorgang wiederholt sich so oft – bis es klappt. Und wenn es endlich alleine laufen kann, dann wird dieses *besondere* Ereignis nicht nur bejubelt, sondern sogar fotografiert, gefilmt ... Selbst wenn die Kleinen bei ihren „Versuchen" sich versprechen oder stolpern, sie versuchen es immer und immer wieder – mit Hilfe, mit Zuspruch, mit Erwartung, mit Geduld und mit sichtbarer Freude ihres Umfelds.

Und wie ist es mit der Rechtschreibung – mit den Rechtschreibfort*schritt*versuchen der Kinder? Wie ist es da, wenn sie sich mal versprechen, wenn sie stolpern – sprich: Wenn sie Fehler (Rechtschreibfehler) begehen? – Alle wissen, daß der Mensch am meisten aus seinen Fehlern lernt! Erlaubt man das den Schülern? Gibt man ihnen Zuspruch, indem man die *richtig geschriebenen Wörter* unterstreicht und zählt? Allerdings versuchen diesen Weg der positiven Lernermutigung immer mehr verständnisvolle Lehrer/-innen.

Geben wir doch nicht nur dem Kleinkind, sondern auch den Schülern unsere schützenden, stützenden, führenden Hände. Glauben Sie mir, lerngeschwächte Kinder nehmen sie dankbar an.

### Die Angst vor dem Diktat nehmen – in der Schule

Das Endziel eines Rechtschreibunterrichts ist selbstverständlich die normengerechte Schreibung. Nur der Weg dahin muß entdramatisiert werden. Ein Rechtschreibproblem darf kein Schicksal werden, die Rechtschreibung kann erlernt werden. Dies braucht aber seine Zeit oder anders gesagt: Es gibt normal bis hochbegabte Kinder, die dieses Ziel nicht in einer von der Schule vorgegebenen Zeit (ausgedrückt in Zensuren) erreichen können. Unterstreichen Sie bitte bei LRS-Schülern/ Schülerinnen alles *Richtig*geschriebene grün! Unterstrichenes, Signalisiertes prägt sich ein! Rot wird z. B. als Signalfarbe im Straßenverkehr bei den Verkehrszeichen als Verbotszeichen eingesetzt, um Unfälle zu verhindern. Verhindern Sie auch Fehler, indem sie Rotanstreichungen *unterlassen*. Manche zurückgegebene Diktate sehen durch die vielen Rotanstreichungen wie die reinsten „Blutbäder" aus. Aus diesem Wirrwarr soll dann noch ein in der Rechtschreibung verunsichertes Kind erkennen, *wie* alles richtig zu schreiben ist? Wenn ihm bei der Verbesserung – was Wunder! – wieder Fehler unterlaufen, dann muß es *wieder* abschreiben – manchmal noch in doppelter Form. Es kommt dadurch mit Sicherheit zu Programmierungen – aber von Falschgeschriebenem. Welch eine Katastrophe kann sich zusätzlich bei Kindern mit einer feinmotorischen Störung dadurch abspielen? Diese Kinder geraten dann nicht nur durch Lese-Rechtschreibausfälle, sondern auch durch Schreibfertigkeitsschwierigkeiten in einen wahren „Teufelskreis". Ein Problem ist z. B. bei älteren Schülern/-innen (Analphabeten) immer wieder offensichtlich: Durch das rote Anstreichen ihrer Fehlerwörter, durch das anschließende (oft mehrfache) Abschreiben*müssen* dieser Wörter sind Fehlprogrammierungen entstanden. „Wer nämlich mit ‚h' schreibt, ist dämlich!" Wer kennt diese oder ähnliche „Eselsbrücken" nicht schon längst? Selbst wenn solche Sprüche einem Kind helfen könnten, dann ist es mit Sicherheit schon zu Falschspeicherungen gekommen. Ein solches Wort wird – besonders in Streßsituationen – immer wieder falsch niedergeschrieben und bringt damit Eltern (oder auch Lehrkräfte) zur Verzweiflung: „Es kann doch nicht wahr sein! Gestern war es doch beim Üben richtig geschrieben!"

Ebenso darf aber auch nichts Falschgeschriebenes stehenbleiben. Fehlformen müssen *sofort* gelöscht werden „Die Augen dürfen die Fehler nicht aufsaugen", sage ich immer zu den Kindern, und *sie* wissen, was ich meine. Warum darf denn z. B. oft kein Radiergummi, kein „Killer" oder kein „Fehlerpflasterchen" verwendet werden? An der Wandtafel wird doch auch schnell alles Falschgeschriebene gelöscht. Als die Schüler/-innen früher ihre Schiefertafel benutzten, konnten sie *sofort* durch Schwamm und Tafellappen verbessern, verändern. Ich wiederhole noch einmal: Nicht nur unsere Ohren, sondern auch unsere Augen sind wichtige Lerneingangskanäle für (hoffentlich) nur *Richtiges.*

Diktate – möglichst Kurzdiktate – sollten dem Lehrer/der Lehrerin zur Selbstkontrolle dienen (z. B. zum schnellen Herausfinden von solchen Schülern/-innen, die etwas nicht verstanden haben und seine/ihre ausschließliche Hilfe benötigen). Eine tägliche 5-Minuten-Förderung kann unter Umständen erfolgreicher sein, als ein Herausziehen der Schüler/-in (besonders der Kleinen) aus der Klasse zum Förderunterricht in einen anderen Klassenraum.

LRS-Hilfen sollten von Anfang an durch den *Lehrer*/die *Lehrerin* im Klassenverband erteilt werden und nicht durch ein Nachhelfen*müssen* der Eltern. Es gibt unterschiedliche „Lernschübe" bei diesen Kleinen und auch unterschiedliches Erkennen oder Nichterkennen von einzelnen Buchstabenformen bzw. von Lauten zu Buchstaben (vgl. „Beobachtungsbogen für den Anfangsunterricht"). Es ist oft kaum zu fassen, was lerngeschwächte Kinder leisten können und auch *wollen*, wenn es ihnen nur richtig gezeigt wird und pädagogische Grundprinzipien (auch Legasthenievorbeugung) bedacht werden: Vermeidung von Ähnlichkeitsstörungen („Ranschburger Lernhemmung"); Isolierung von Schwierigkeiten („Prinzip der kleinen Schritte"); Schaffen von Grundmustern (um Verbindung von Vorstellungen/Eindrücken zu ermöglichen); Isolierung von Schwierigkeiten; keine Überforderung des Kindes (gezieltes Fortschreiten, kein Steilheitsanstieg); differenzierte Lernmöglichkeiten sowohl für die langsamer als auch für die schneller Erfassenden und Einsatz von Lernzielkontrollen.

Wenn Sicherheit aufkommt, dann fällt auch die Angst weg! Ein pädagogisches Gesetz wurde den Pädagogen durch den ungarischen Arzt und Psychiater Paul Ranschburg übermittelt, die sogenannte „Ranschburger Lernhemmung": Ähnlich Aussehendes („a-o"; „h-b", „t-f" usw.) und ähnlich Klingendes („g-k"; „d-t"; „b-p"; „i-e"; „o-u" usw.) darf nicht in unmittelbarer Reihenfolge (hintereinander) gebracht werden. Diese Grundgedanken wurden in den letzten Jahren nicht in allen Fibeln beachtet.

Auch bei Diktattexten braucht nicht immer „die Einführung eines Grundwortschatzes" der Maßstab sein. Nach dem Prinzip „vom Leichten zum Schweren" sollten besondere Schwierigkeiten in der Rechtschreibung, (z. B. Dehnung und Doppelung, usw.) in den Anfangsdiktaten fehlen.

Um den jüngeren Schülern die *Angst vor dem Diktat zu nehmen* (das kannten sie teilweise schon aus den Klageliedern ihrer älteren Geschwister oder Spielkameraden), habe ich in meiner Zeit als Lehrerin von Anfang an „ungeübte"

Diktate (allerdings vorbereitet in der Klasse) schreiben lassen. Dabei galt generell: Nicht zu früh buchstabieren lassen!

Das ABC ist doch so schnell – am besten mit einfachen Verschen – erlernbar. Lese-rechtschreibschwache Kinder, auch die Großen, brauchen so lange wie nötig die Lautierhilfe! (Dies zu beachten gilt für Lehrer/-innen *und* Eltern). Z. B. wird „g" nicht „ge" genannt, sondern „g" lautiert; „r" wird nicht „er" genannt, sondern „r" lautiert. Bei einer Nichtbeachtung dieser Faustregel ist es z. B. nicht verwunderlich, wenn Schüler das Wort „Garten" als „Gartn" schreiben, weil das letzte „e" schon in dem allerletzten Buchstaben „n" („en" beim Buchstabieren) enthalten ist.

So wurden z. B. die im Unterricht erarbeiteten Buchstaben jeweils am Ende der Stunde (oder am Anfang der nächsten Stunde) – lautierend – zunächst mit Handzeichenbegleitung den Kindern diktiert, anschließend *sofort* von mir kontrolliert. Auf der Stufe des automatisierten Lernens – beim Rechtschreiben und Lesen – wurden die Lautzeichen *nicht* mehr von den Kindern benötigt. Dies diente meiner Eigenkontrolle, um bei Kindern, die nicht richtig erkannt (erhört) und gespeichert hatten, Soforthilfen geben zu können.

*Wenn z. B.* die Buchstaben g als k, d als t, b als p, s als z, m als n, i als e, o als u akustisch verwechselt und dadurch falsch niedergeschrieben wurden, dann brauchten diese Kinder verstärkte akustische Unterscheidungshilfen. Hier leisteten wiederum – neben gezielten Abhör- und Einschleifübungen – die Handzeichen wirksame Hilfe.

*Wenn z. B.* die Buchstaben a als o, r als n, h als b, f als t optisch verwechselt und deshalb falsch niedergeschrieben wurden oder „i"-Punkte, Ober- oder Unterzeichen fehlten, dann brauchten diese Kinder vermehrte optische Gliederungshilfen. Hier konnten andere Lernkanäle (z. B. der Tastsinn oder die Farbe als Gliederungshilfe) ein wirkungsvolles Nachhelfen ermöglichen.

*Wenn z. B.* die Buchstaben d mit b; p mit q; ie mit ei; u mit n räumlich verwechselt wurden, dann brauchten diese Kinder im räumlichen Erkennen (Erfassen, Erfühlen) verstärkt „Förderung" (Schubi-Lehrmittel 1994).

Allmählich ließ ich im Unterricht meine Erstkläßler Silben niederschreiben. Das Zusammenschleifen von Buchstaben/Lauten zu Silben ist meist eine große Lernklippe. Nach einiger Zeit kamen lauttreue Wörter dazu, die ich auf- und abbauen ließ. Ganz groß war die Freude, wenn die Kinder schon Sätzchen schreiben durften. Einige wollten zusätzlich mehr schreiben. Ich ließ sie gewähren, auch wenn dabei manchmal ganz komische Wörter herauskamen wie z. B. ‚Varat' (Fahrrad) oder ‚fät' (fährt). Ich erklärte ihnen, daß einige Wörter nun einmal anders geschrieben werden, als sie klingen. Dann klebte ich das Wort mit Fehlerpflaster ab, schrieb es richtig darüber und überließ es dem Kind, ob es dies noch einmal richtig versuchen wollte. Den Eifer, die Freude eines Kindes am Aufschreiben*wollen* sollte man etwa aus Angst, es könnte Fehler begehen, niemals bremsen.

Es ist auch ganz erstaunlich, *was* diese Kindergehirne manchmal an wirklich schweren Wörtern – teils ganzheitlich – speichern können. Es kann sein, daß ein Kind das Wort „Schornsteinfegermeister" richtig geschrieben hat (möglicherweise, weil es zu dem Beruf einen persönlichen Bezug hat) und das Wörtchen „nicht", das darauf folgt, am Ende ohne „t" (nich) schreibt. Wie oft sind schon Eltern (Lehrer/-innen) darüber fast verzweifelt. Doch dazu gibt es keinen Grund. Jedes menschliche Gehirn arbeitet eben anders. Und es ist schon erstaunlich und beglückend, miterleben zu können, was Lernverzögerte doch noch – sogar mit Leichtigkeit – erlernen können. Sogar mehr, als man und sie selbst es jemals für möglich gehalten hätten. Man muß ihnen nur Stolpersteine aus dem Wege räumen, ihnen Sicherheit geben und Lern*freude* vermitteln.

*Der „sinnvolle" Einsatz von Diktaten*
Statt bei unsicheren Wörtern lange zu überlegen, schließlich auf gut Glück irgend etwas hinzuschreiben, durchzustreichen, neu zu beginnen, immer mehr zu verkrampfen, noch

mehr Fehlformen am Ende des Diktates hinzuschreiben und damit Zeit und oft den Anschluß zu verlieren, sollten Kinder mit Rechtschreibproblemen beim Diktatschreiben in der Schule auch lieber eine Lücke lassen, das schreiben *dürfen*, was sie können. Der Anreiz, diese Lücken zu schließen oder auch einmal einzelne Wörter nachzuüben, ist immer vorhanden. Doch bei erzwungenen Rate-Schreibversuchen entstehen aus Angst vor Fehlern nur Verkrampfung und Streß. Und das erzeugt wiederum – neben vielen anderen Beschwerden – noch mehr Fehler. Einige Kollegen/Kolleginnen versuchen es auch mit „Nur-Abschreiben-Lassen" (aber dies ist meist sehr niederschmetternd für die Kinder).

Sagen Sie doch auch diesen Kindern lieber *vor* dem Diktatschreiben: *„Ich weiß, daß du viele Wörter richtig schreiben kannst.* Alles, was du kannst, schreibe mit, bei den anderen Wörtern läßt du eine Lücke." Damit nehmen Sie dem Kind die Angst, zeigen ihm *Ihr Vertrauen in seine Leistung* (wenn sie auch erst noch so klein ist) und geben ihm die Möglichkeit zum ungestreßten Mitschreiben.

Entdramatisieren Sie die Rechtschreibung, ohne sie abzuwerten!

Die Möglichkeit, auch mit „Fehlerpflasterwörtern" zu üben, dieser Rat kann von jedem Lehrer/jeder Lehrerin an hilfesuchende Eltern weitergegeben werden. Ich kann auch hier nur betonen: Angst und Druck erzeugen Streß und verhindern Lernerfolge. Sicherheit, Mut, Zuspruch und Lernfreude dagegen sind ein *sicherer* Weg zum „Speichern".

## 6. Fallbeispiel: Martin reibt sich beim Lesen die Augen – Die BEDEUTUNG der Augen beim Lesenlernen

Nicht jedes Kind kann eine therapeutische Behandlung erhalten, da Therapieplätze nicht beliebig zur Verfügung stehen. So auch im Falle Martins.

Doch schon meine Hinweise für weiterführende fachärztliche Untersuchungen – nach einer förderdiagnostischen Überprüfung – vermittelten diesem Kind entscheidende Hilfen. Aus einer Entfernung von 70 km brachte mir die Mutter – die keine Mühe für ihr Kind scheute – ihren Jungen zur Förderkontrolle. Ihre Erzählungen zur Anfangsgeschichte des Kindes wurden von ihr nachfolgend auch noch schriftlich formuliert:

„ ... Bis zur Einschulung war unser Martin selten krank. Er war – wie wir immer sagten – ein pflegeleichtes Kind. Ein halbes Jahr nach der Einschulung habe ich gemerkt, daß er nicht gerne bereit war zu lesen und auch nicht Diktate zu üben und zu schreiben. Fast täglich gab es Tränen bei den Hausaufgaben. Seine Leistungen ließen es jedoch zu, daß er ins 2. Schuljahr versetzt wurde. Leider wurden die Probleme ständig größer. Mir fiel auf, daß er nicht erkennen konnte, wie und was Silben sind. Daraufhin habe ich Silbenkärtchen mit zwei oder drei Silben angefertigt. Hiermit haben wir lesen geübt. Später haben wir diese Silben zu kleinen Wörtern zusammengefügt. Aber das Üben blieb immer eine Strapaze für ihn. Bei seiner damaligen Lehrerin fand ich offene Ohren. Sie hatte die Problematik von Martin auch schon erkannt. Sie setzte auch in der Grundschule durch, daß seine Diktate nicht benotet wurden und daß später auf den Zeugnissen der Klasse 3 und 4 die Noten für Rechtschreibung ausgesetzt wurden. Dadurch wurde ein großer Druck von dem Jungen genommen ..."

Die Mutter hatte danach nichts unversucht gelassen, um ihrem Kind zu helfen. So bestätigte der Besuch in einer Erziehungsberatungsstelle: Martin sei nicht verhaltensgestört. Eine augenärztliche Untersuchung ergab: Martin habe keine Ausfälle im Sehen. Zusätzliche häusliche Übungen (durch zehn Rechtschreibübungshefte und eine Nachhilfe durch einen Studenten) brachten keine Lernerleichterung. Für Martin war es sehr schwer – trotz aller Anstrengungen, meist unter Tränen – den Leistungsstand im Lesen und Schreiben in der Klasse zu halten. Er wurde übergewichtig.

Auf Vorschlag der Klassenlehrerin, mit Einverständnis der Eltern und mit Einsicht des Jungen hatte er das 4. Schuljahr wiederholt. Doch mit seiner Lese-Rechtschreibproblematik wurde es nicht besser. Nun tauchte die Frage auf: Sonderschule oder Orientierungsstufe? Da seine übrigen Leistungen „angemessen" waren, er sich sehr aufgeschlossen und zur Mitarbeit bereit zeigte, wurde er in die Orientierungsstufe versetzt.

Dort bekam er einen Klassenlehrer, der mit seinem Hintergrundwissen und seinem Verständnis für die Problematik von lese-rechtschreibschwachen Schülern auch Martin den weiteren schulischen Weg zu ebnen verstand. Er gab auch die Empfehlung für eine gründliche förderdiagnostische Untersuchung.

Als der große Junge damals vor mir stand, blaß, übergewichtig, mit ineinandergestellten Füßen und unbeholfenen Bewegungen, stellte ich zumindest mit Erleichterung fest: Noch hängen seine Schultern nicht nach unten. Er ist zum Glück noch nicht „kaputt".

Das Anamnesegespräch mit der Mutter wurde ohne Beisein des Kindes durchgeführt. Das Letztere galt auch für die Fallnachbesprechung. Umgekehrt war die Mutter auch nicht bei der förderdiagnostischen Überprüfung dabei. Diese Regelung gilt grundsätzlich auch für andere Fälle. Denn die meisten Kinder geben mir in den auflockernden Begleitgesprächen ihr eigenes Hintergrundwissen zu ihrer Vorgeschichte preis. Allerdings kann es auch manchmal – nach Auswertung der Anamnesegespräche – notwendig werden, die Therapie *zuerst* bei den Eltern zu beginnen, d. h. ihnen verständlich werden zu lassen, daß *sie* die Erwartungshaltung an ihre Kinder ganz herabsetzen und diese möglicherweise vorweg erst einmal in Ruhe lassen müssen.

In dem vorgenannten Fall war diese Problematik allerdings nicht vorhanden.

Im allgemeinen sind die Kinder zwar angestrengt durch die Prüfungsbelastung, aber erleichtert über ihr Durchhaltevermögen. Mit sichtbarem Stolz können diese (am Anfang meist sehr geknickten) Prüflinge das Bündel ihrer „ungeschönten" Leistungen ihren Müttern (Erziehungsberechtigten) am

Schluß der förderdiagnostischen Untersuchung vorweisen. Oft kommt es danach spontan zu solchen oder ähnlichen Ausrufen: „Da will ich wieder hingehen!" „Mit ‚der' will ich weiterlernen."

Bereitwillig und aufgeschlossen nahm Martin die Belastungen dieser Überprüfung auf sich und war dankbar für jeden sinnvollen Übungshinweis, den ich ihm schon zwischendurch gab.

Bei der quantitativen Auswertung (Anzahl der Fehler) des Diagnostischen Rechtschreibtests ergab sich nur eine untere Einordnung. Die qualitative Analyse (Art der Fehler) deckte Fehler im Regelbereich, starke Ausfälle in der Wahrnehmung, besonders im optischen Erkennen auf. Auch beim Lesetest erreichte er als Durchschnittsergebnis nur schwache Leistungen. Der Junge *wollte* etwas beweisen und *quälte* sich dabei. Er beugte sich tief über den Lesestoff, „sprang" in den Zeilen und rieb sich dabei die Augen. Bei Schriftverkleinerung zeigte sich eine Fehlerhäufung, und die Inhaltsangabe wurde ungenauer.

Der Junge brauchte dringend Hilfe! Da ich noch keinen Therapieplatz frei hatte, fragte ich ihn offen: „Könntest du auch zu Hause mit deiner Mutter üben, wenn ich ihr das richtig zeige?" Mit großen Augen schaute er mich an und bekannte überzeugend: „Mit ihr schon, lieber als mit den anderen" (vielleicht meinte er damit auch ehemalige Nachhilfekräfte). Nun sank sein Kopf wie verschämt immer tiefer und seine Stimme wurde leiser: „Wenn es in der Schule einmal ganz schlimm ist, und ich nach Hause komme zu ihr, dann ist *sie* ganz lieb zu mir."

Ich atmete erleichtert auf. In diesem Falle konnte ich getrost ins Elternhaus delegieren, natürlich mit *richtigen* Hinweisen. Ich stellte also zunächst ein Programm für sinnvolles häusliches Helfen (abgestimmt auf Martin) zusammen. Auch für den verständnisvollen Lehrer gab ich Unterlagen für zusätzliches schulisches Üben mit.

Zum weiterführenden Helfen empfahl ich *dringend* eine nochmalige Kontrolle von Martins Augen in einer augenärzt-

lichen Praxis, der nach Möglichkeit eine Sehschule ange-
schlossen sein sollte. – „Die bisherigen Augenärzte haben
aber gar nichts gefunden", meinte die Mutter bedrückt.

Gegen Martins Übergewicht und angebliche Unkonzentriertheit riet ich der Mutter, bei ihm eine Ernährungsumstellung vorzunehmen und sich dazu noch einmal fachärztlich beraten zu lassen. Als weitere Empfehlung nannte ich ihr
die Anschrift einer Elterninitiative „Das hyperaktive Kind",
um ihr die Möglichkeit zu vermitteln, sich auch mit anderen
betroffenen Eltern aussprechen zu können (vgl. Verbände und
Selbsthilfegruppen).

In der Folgezeit informierte mich die Mutter weiter über
Martins Befinden, bzw. sie holte sich von mir neue Ratschläge ein. So hatte die von mir vorgeschlagene Ernährungsumstellung in Form von reizstoffarmer vitaminreicher Kost
eine Gewichtsabnahme bei Martin bewirkt. Eine inzwischen
auch vorgenommene Untersuchung in einer kinder- und jugendpsychiatrischen Klinik bestätigte eine durchschnittliche
intellektuelle Leistungsfähigkeit des Kindes.

Die erneute augenärztliche Kontrolle bestätigte meinen
Verdacht einer Störung in der optischen Feinsteuerung. Das
Tragen der verordneten Brille bereitete Martin anfangs große
Beschwerden. Doch er hielt durch und nach vier Wochen ver-
schwanden diese Belastungen. Auch der zusätzliche Einsatz
eines „Lesestabes" (dieses Gerät kann man beim Optiker frei
kaufen) brachte eine nochmalige Verbesserung des Lesens, so
daß der Junge allmählich immer leichter, flüssiger und in-
haltsverstehender lesen konnte. Eine augenärztliche Wieder-
holungsuntersuchung zeigte das positive Ergebnis, daß sich
die Augeneinstellung genau nach der Berechnung geändert
hatte.

Auch eine förderdiagnostische Kontrolluntersuchung bei
mir brachte ein erfreuliches Ergebnis: Der Junge war wirklich
ein nahezu guter Leser geworden. Die Verbesserung seiner
Rechtschreibfertigkeit wurde dadurch deutlich. Die optischen Fehler waren fast völlig verschwunden!

Die Mutter war inzwischen Mitglied des Bundesverbandes

Legasthenie e.V. geworden und baute nunmehr in ihrem Raum eine Selbsthilfegruppe auf. Sie wollte aus Dankbarkeit auch anderen Betroffenen helfen und meine ehrenamtliche Tätigkeit unterstützen. Durch Mitgliedschaft in einem engagierten Elternverband können Eltern nicht nur anderen Betroffenen helfen, sondern auch indirekt die Position des eigenen Kindes verbessern.

Von nun an begann ein Aufschwung bei den schulischen Leistungen dieses Jungen. Es ging zwar langsam voran, doch Martin hatte das Ziel der 5. Klasse erreicht und wurde versetzt. Mutter und Sohn übten in häuslicher Übereinstimmung – nach meinen Anweisungen, die ich meist nur telefonisch geben konnte – unermüdlich weiter. Auch ein Computerprogramm wurde mit eingesetzt.

Im Schulleben dieses Jungen gab es in den Folgejahren noch manche Rückschläge, wenn er z. B. bei einigen Lehrern kein Verständnis für seine Situation finden konnte. Dann wurde er häufig krank, und die Symptome des „Schulbauchwehs" stellten sich erneut ein.

Immer wieder versuchte auch ich, durch aufklärende Gespräche zur Problematik dieses Jungen, sein „Umfeld" zu informieren, besonders zu dem Zeitpunkt, als noch einmal die Frage nach Sonderschulbedürftigkeit auftauchte. Doch die Mutter kämpfte unerläßlich weiter für ihr Kind.

Als Martin das Fach Englisch abwählen konnte, erreichte er mit einem guten Notendurchschnitt das Ziel der Klasse 9. Er erlebte den Spaß am Lernen als echten Leistungs*antrieb*. Zusätzlich bestand er die Prüfung für das Mofafahren fehlerfrei. Der Junge, der sichtbar auflebte, begeisterte sich mehr und mehr für die Musik. Er spielte in einer Burgmannskapelle Schlagzeug und gründete eine Schulband.

Die Mutter erkannte in den beachtlichen musischen Erfolgen ihres Sohnes zugleich einen Ausgleich für die vielen schulischen Mißerfolge in der Vergangenheit.

Vor kurzem bat sie mich wieder einmal telefonisch um Rat: „Martin ist jetzt so weit, er will auf dem 2. Bildungsweg das Abitur nachholen. Er sagt, selbst wenn er in ein anderes

Bundesland ziehen müßte, wo man die Probleme von Legasthenikern mehr berücksichtigen würde, und selbst wenn er dabei uns nur noch ab und zu sehen könnte, möchte er es versuchen. Was meinen Sie dazu?"

Ich dachte an die Anfangsgeschichte des Jungen zurück. Wieviel Fleiß und wieviel Zielstrebigkeit hatte er doch in der Zwischenzeit bewiesen! Sollte ich abraten? So gab ich ihr folgende Empfehlung: „In die Zukunft sehen kann letztlich niemand, auch nicht bei Martin. Doch wenn er den Willen *und* die *richtige* Selbsteinschätzung besitzt, wenn er Zielstrebigkeit *und* Ausdauerfähigkeit beweist, dann sollte ihm kein Erzieher als Hindernis im Wege stehen."

Leider gibt es viele begabte und hochbegabte Legastheniker, die nicht mehr die Kraft besitzen, ein Schulziel anzustreben, dessen Erreichung auch ihnen aufgrund ihrer intellektuellen Leistungsfähigkeit möglich wäre.

Liebe Eltern, nehmen Sie die Leseprobleme Ihres Kindes von Anfang an ernst! Oftmals besitzen auch Großeltern eine gute Beobachtungsgabe für die Probleme ihrer Enkelkinder. Bei einem meiner Enkel konnte z. B. mein rechtzeitiger Hinweis ein Leseversagen verhindern, und der Junge liest nun sogar mit Begeisterung selbst anspruchsvolle Bücher.

**Ratschläge für Eltern**
Beseitigen Sie jeden Stolperstein im Leselernprozeß Ihres Kindes!

Es darf kein Kind beim Lesenlernen scheitern!

Begabte Menschen, die unser Schulsystem durchlaufen müssen, dürfen nicht zu Analphabeten werden!

Lesen ist eine tragende Grundfertigkeit, die anderen Fächer bauen darauf auf. Selbst bei Mathematik – durch Textaufgaben – ist dies der Fall. Ein guter Leser kann sich fortlaufend selbst durch das Lesen neue Wissensgebiete aneignen.

Ein schlechter Leser wird zwangsläufig zu einem schlechten Schüler.

1. Die Lesefreudigkeit ist bei allen Schulneulingen vorhanden (Diese Behauptung spreche ich für alle ABC-Schützen aus).

2. Die Lesefähigkeit muß bei einigen noch gefördert werden.

3. Die Leseflüssigkeit kann erst danach verbessert werden.

*Zum Lesenlernen*
1) Mein Kind kann nicht „erlesen".
2) Mein Kind kann noch nicht „flüssig" lesen.

Zu 1) Wenn Sie dies festgestellt haben, kann ich nur eindringlich warnen bzw. raten:

a) Nur derjenige aus dem häuslichen Umfeld sollte einen neuen außerschulischen Lesestart wagen, der die größtmögliche Geduld aufweist, auch auf die kleinsten Lernerfolge des „Gescheiterten" zu warten.

b) Der Helfende sollte eine gute Grunderfahrung zum Lesenlehren besitzen, denn selbst in der Schule war es doch bislang den Pädagogen nicht möglich, dieses Kind zum Lesen zu bringen.

c) Beim neuen Lesestart darf das Kind *nicht* mehr scheitern, um sein Selbstvertrauen nicht völlig zu verlieren.

Wenn Sie Zweifel haben, dann schauen Sie sich nach einer qualifizierten außerschulischen Hilfe um, nach einem Leselehrer und keinem Nachhilfevermittler.

Zu 2) Wenn Sie dies festgestellt haben, dann kann ich Ihnen als „Rezept" das Drei-Stufen-Lesenfördern anbieten, mit dem viele Eltern gute Erfolge erreichen konnten:

*1. Stufe: Sie* lesen das erste Stück laut und deutlich vor – das Kind verfolgt den Text mit den Augen.

*2. Stufe:* Den zweiten Abschnitt lesen Sie mit Ihrem Kind *gemeinsam (Sie* bestimmen unmerklich das Lesetempo). Ihr Zeigefinger (ein Lesepfeil oder ein ungespitzer Bleistift) begleitet das Lesen. Er *stoppt,* wenn Ihr Kind „dichten" will.

*3. Stufe:* Ihr Kind liest jetzt *allein,* wieder mit Zeigefingerbegleitung und Korrektur – falls nötig (nie „falsch" sagen, höchstens „stopp!"). Dulden Sie – im Interesse Ihres Kindes – keine Verlesung! Doch *loben* Sie es ehrlich – zum Schluß, wenn die Absprache erfüllt wurde. Ihr Kind wird die allmählichen Fortschritte selbst merken und sich unwahrscheinlich darüber freuen. Doch vergleichen Sie *nie* die Leseleistung dieses Kindes mit einer vielleicht besseren seiner Geschwister oder seiner Freunde. Bitten Sie die Lehrkraft, Ihr Kind vorläufig vom Vorlesen und damit vom Vorführen in der Klasse zu befreien, bis es sich allmählich sicherer fühlt.

### Tips zur Leseförderung – zum Lesenlernen mit Spaß

Schaffen Sie Rahmenbedingungen! Dazu gehören sauerstoffdurchlüftete Räume, gutes Licht, Vermeidung von Geräuschkulissen und klare Absprachen: „Wieviel wollen wir lesen?"

Grundsätzlich sollte Ihr Kind nur das lesen, was es *selbst will.* Nehmen Sie deshalb Ihrem Kind nichts weg, was es Ihrer Meinung nach nicht unbedingt lesen sollte. Es dürfen auch ruhig einmal Comics oder irgendwelche Gebrauchsanweisungen sein.

Die *Sprache* des Textes soll einfach, der Satzbau kurz und übersichtlich, der Schriftgrad entsprechend groß sein, damit der Leseanfänger „flüssig" vorankommt und Lesefortschritte fühlen kann.

– Lassen Sie nacherzählen oder vorausschauend denken, oder stellen Sie Verständnisfragen (Aufsatzschulung)!

– Zeigen Sie Ihrem Kind, daß Sie selbst gern lesen. Es orientiert sich an Ihrem Vorbild.

– Lesen Sie Ihrem Kind auch dann vor, wenn es schon flüssig lesen kann (am besten zu einer ruhigen Tageszeit, z. B. vor dem Schlafengehen).

– Gehen Sie mit ihm in Büchereien und zeigen Sie ihm, wie es an diese Schätze kommt.

Es ist wichtig, daß Ihr Kind allmählich eigene Bücher besitzt.

Die Entwicklung der Lesefähigkeit ist individuell sehr verschieden, sie kann auch sprunghaft verlaufen.

Denken Sie immer daran: Das Lesen ist eine der wichtigsten Kulturtechniken! Über das Lesen erweitert das Kind seinen Wortschatz, über das Lesen erwirbt es sich seine kulturelle Intelligenz.

### 7. Fallbeispiel: „Es hat doch keinen Zweck, daß ich lebe!" – Die BEDEUTUNG des Selbstvertrauens bei Lerngestörten

Ein Junge, der die 5. Klasse einer Orientierungsstufe besuchte, kam in meine Behandlung. Er war mir von seinen jetzigen Erziehungsberechtigten zugeführt worden. Seine Eltern hatten ihn in seiner frühen Kindheit hart enttäuscht. Nun gab er „Hiebe" zurück, die er früher empfangen hatte und machte seinen jetzigen Betreuern, die ihn liebevoll umsorgten, oft das Leben wirklich nicht leicht. Er „biß" um sich – auch bei Spielgefährten und Klassenkameraden. Doch wieviel Zärtlichkeit in ihm steckte, wieviel Liebe er zu geben vermochte, das wurde deutlich in seinem Umgang mit unserem Hund. Er beugte sich zu ihm nieder, der ihn schon in seiner Kraulhaltung erwartete, streichelte ihn behutsam und flüsterte ihm mit weicher Stimme liebevolle Worte zu. Meist kam er früher zur Therapie, um nur einen Augenblick Zeit für Aura zu haben, und umgekehrt jaulte sie schon vor Freude, wenn sie seine Stimme und seine Schritte hörte.

Im Laufe der Therapie – eine Stunde pro Woche – kam es bei ihm zu einer erfreulichen Verhaltensveränderung.

Das Vermitteln der Lesetechnik ging im Anfang nur mühsam voran. Eine Sprechrhythmusstörung hinderte ihn zunächst am flüssigen Vorlesen. Doch allmählich bekam er auch dazu Mut, sogar in der Schule, wie mir dies von seinem Lehrer bestätigt wurde.

Der Junge war Linkshänder mit einer graphomotorischen Störung, einer starken Raumlageunsicherheit und Ausfällen im optischen und akustischen Erfassen. Er hatte demnach Probleme beim Schreiben, konnte rechts, links und Ähnlichkeiten bei Buchstaben nicht unterscheiden und schrieb Laute anders nieder, als sie ihm diktiert wurden.

Diese Häufung von Teilleistungsschwächen hatte zu einer schweren Unsicherheit in seiner Rechtschreibung geführt. Im Laufe der Behandlung kam es allmählich auch hier zu einem Lernzuwachs. Gerhard freute sich am Ende jeder Stunde selbst über den Zugewinn an Wörtern, die er richtig schreiben konnte.

Doch wenn in der Schule ein Diktat geschrieben werden sollte, schilderte er mir jedesmal seine Angst davor. Auch meine Hinweise auf das, was er doch schon vermochte, konnten ihn nicht entsprechend beruhigen. „Wird ja doch nur wieder eine Fünf oder Sechs!" gab er meist niedergeschlagen zur Antwort. Einmal fiel mir während einer Therapieeinheit besonders stark eine innere Abwesenheit bei ihm auf. Er war kaum zur Mitarbeit zu begeistern und starrte zwischendurch teilnahmslos vor sich hin. Ich kannte ihn inzwischen schon sehr gut und wußte, daß er etwas in sich noch nicht verarbeitet hatte und loswerden mußte.

„Du hast heute schon sehr viel geschafft", so wollte ich ihn aus der Reserve locken. „Wir können uns eigentlich auch einmal ‚nur' unterhalten."

Da bäumte er sich auf, sprang vom Stuhl und schrie mir ins Gesicht: „Frau Soremba, es hat doch keinen Zweck, daß ich lebe! Ich schreibe doch nur ‚Sechsen' im Diktat!"

Ich erschrak zutiefst, holte tief Luft und hoffte, daß Gerhard nicht mein Herzklopfen hörte. Auch in mir bäumte sich etwas auf. Nein, so weit durften die Versagensängste dieses Kindes nicht gehen!

„Ach, ist es denn so schlimm, wenn man ‚Sechsen' im Diktat schreibt? Dafür bist du doch ein toller Fußballer! Das sind viele andere Jungen nicht. Mir ist gestern auch etwas mißglückt. Mein Essen ist mir fast verbrannt. Doch etwas ist noch übriggeblieben. Auch bei deinem Diktat ist sicher ‚etwas übriggeblieben'. Schauen wir uns einmal beim nächsten Diktat alle deine übriggebliebenen richtig geschriebenen Wörter an."

Es war mir gelungen, ihn zumindest für diesen Augenblick abzufangen. Wir schauten uns in seiner Mappe alles Gekonnte an. Danach fand er an einigen Bewegungsübungen und an einem Therapieausgangsspiel doch noch Spaß. Er versprach mir, in Zukunft jedes zensierte Diktat vorzuzeigen. Wir wollten es gemeinsam analysieren. In einem klärenden Gespräch mit seinem Deutschlehrer bat ich diesen für die Zukunft um eine Zusatzbemerkung über den Leistungsfortschritt bei der Benotung von Gerhards Diktaten, wie dies der gültige Erlaß als Motivationshilfe für LRS-Schüler eigentlich auch vorsah.

Als diese Erlaßregelung – diese Motivationshilfe – im nächsten Diktat beachtet wurde, da zeigte sich ein leiser Hoffnungsschimmer im Gesicht des Jungen. Es stand zwar wieder eine „Sechs" darunter, aber diesmal mit einer zusätzlichen Positivbemerkung zum Lernzuwachs.

Eine Grammatikarbeit stand vor der Tür (die letzte hatte er leider in den Sand gesetzt), für die wir nun vermehrt übten. Jede Zeitlücke bot ich dem Jungen für ein Zusatzüben an. Er kam pünktlich, und er arbeitete fleißig an den Grammatikaufgaben weiter. Mit sichtbarer Freude verstand er es bald, Sätze zu analysieren, sie in ihre Haupt- und Nebensatzglieder zu zerlegen. „Du schaffst es, Gerhard!" So konnte ich ihn entlassen, bevor ich zum Wochenende zu einer Fortbildungsveranstaltung nach außerhalb fuhr. Als ich wiederkam, war die Arbeit schon geschrieben und wieder abgegeben. Ich konnte sie also nicht analysieren. Es war auch diesmal wieder eine Sechs!

Ich befragte Gerhard nach dem Arbeitsverlauf: Anfangs stockend, verschämt, nach unten schauend, dann aufschluchzend brach es aus ihm heraus: „Zuerst ging es noch, aber dann habe ich mit Farbe die Satzglieder unterstreichen sollen, und dann wußte ich nicht weiter, und den Rest habe ich nicht mehr geschafft. Warum willst du denn, daß ich weiterlebe? Du hast so viel mit mir geübt, und ich schaffe es doch nicht. Ich bin ganz dumm!" Da drückte ich einfach dieses verwundete Kind an mich: „Du bist nicht dumm, du bist nicht faul, und du kannst es auch! Du hattest zum Schluß einfach Angst und deshalb wußtest du nicht weiter."

Und ich erzählte ihm von einem Angstzustand, den ich vor kurzem selbst erlebt hatte. Als mein Mann mich von einem auswärtigen Frisörbesuch abholen sollte, nach zwei Stunden immer noch nicht da war, gerade ein Polizeiauto mit Blaulicht und Martinshorn vorbeijagte, da geriet ich so in Panik, daß ich beim Telefonieren nicht einmal mehr meine eigene Telefonnummer wußte. Auch von anderen ähnlichen Denkblockaden aus dem alltäglichen Leben erzählte ich ihm einige Beispiele. Es leuchtete ihm ein, daß es solche Augenblicke von Denkblockaden gab. Jetzt versuchten wir es wieder mit einer Satzanalyse, zuerst mündlich, dann schriftlich. Er konnte es! Da probierte ich, ihn noch weiter zu motivieren.

„Gerhard, willst du einmal bei anderen Kindern, die es noch nicht so gut können, Hilfslehrer sein?" Er überlegte, zweifelte etwas, zögerte noch, doch dann nickte er zustimmend. Bei einer nachfolgenden Kleinstgruppe übernahm er die Führung. Er stellte die Fragen, und ich brauchte nur unmerklich zu lenken. Diese Kinder nahmen ihn nicht nur als Hilfslehrer an, sondern bewunderten ihn offensichtlich, und er freute sich unwahrscheinlich über seine Leistung. Ich sprach noch einmal mit seinem Lehrer und beschrieb ihm die besondere Situation dieses Kindes. Mit seinen schweren Ausfällen im Wahrnehmungsbereich würde Gerhard niemals in einer von der Schule vorgeschriebenen Zeit ein ausreichendes Ergebnis in der Rechtschreibung erreichen können. Daß der Junge zwar „in sich schwierig", aber nicht dumm war, darüber waren wir uns beide einig.

Als mir Gerhard dann einige Tage später berichtete, daß sein Lehrer die Grammatikarbeit noch einmal durchgesehen hatte und die Zensur auf eine Fünf verbessern konnte, war der Junge über diese „Schon-Fünf" sichtbar erleichtert. Kurz darauf berichtete er mir von zwei aufeinanderfolgenden

Zweien in Englisch bei einer jungen Lehrerin, die es durch aufmunternde Zusätze unter seinen Arbeiten verstanden hatte, ihn verstärkt zu motivieren.

Ein gleitender Notenschutz – wie es die frühere Erlaßregelung vorsah – hätte nicht nur dem lese-rechtschreibschwachen Schüler, sondern auch seinem (jetzt zur Zensur verpflichteten) Lehrer Hilfe gebracht.

Kinder mit Lernstörungen schreien nicht immer so offen ihre Verzweiflung heraus – wie Gerhard –, sie lenken auch durch Verhaltensabweichungen die Aufmerksamkeit auf ihre Nöte oder stoßen indirekte Hilferufe aus: Ihre Zeichnungen, Geschichtchen und Augen können Bände sprechen!

## Informationen zu den Erlassen

Die Förderbedingungen für Kinder mit Lese-Rechtschreibproblemen werden in den Bundesländern durch Erlasse geregelt. Die darin aufgezeigten Hilfen gelten größtenteils nur für den Grundschulbereich. Die in den früheren Jahren gültigen LRS-Erlasse der meisten Bundesländer wurden entsprechend einer Empfehlung der KMK (Kultusministerkonferenz) nach 1978 außer Kraft gesetzt und damit auch der Begriff „Legasthenie" aus den Schulen verbannt. Äußerungen wie: „Die Legasthenie ist per Erlaß abgeschafft worden" oder „die Legasthenie gibt es nicht mehr", waren im Umlauf. Ratlosigkeit, ja Verzweiflung trat bei den Eltern betroffener Kinder auf. Ein Anwachsen von Elterninitiativen und eine Zunahme von außerschulischer Förderung waren zu erkennen. Unsicherheit kam bei Lehrkräften auf, die bis dahin als Legasthenieobmann/ Legasthenieobmännin tätig waren und auch weiterhin den betroffenen Kindern speziell helfen wollten. Einige arbeiteten unbeirrt weiter und mußten oftmals gegen den Strom schwimmen.

In den neuen Erlassen wird von allgemeinen Fördermaßnahmen für Kinder mit besonderen Schwierigkeiten beim Erlernen des Lesens und Rechtschreibens gesprochen. Damit wird in den gültigen Erlassen eine Auffassung deutlich, daß diesen Schüler/-innen durch vermehrtes Üben (allein) bis zum Ende der Grundschulzeit (Klasse 4) zu helfen ist, so daß sie ihre Schwierigkeiten überwinden und das Klassenniveau erreichen können. Spezielle Hilfen für Legastheniker über den Grundschulbereich hinaus bleiben weitgehend auf der Strecke.

Da einige Ländererlasse noch gewisse Zusatzerleichterungen für betroffene Schüler/-innen ab Klasse 5 vorschreiben, empfehle ich den Eltern in jedem Bundesland, sich über die Hilfen im schulischen Bereich zu erkundigen, die ihren lese-rechtschreibschwachen Kindern durch Erlasse zustehen.

Die Erziehungsberechtigten sollten mit Mut und Entschlossenheit die bereits bestehenden gesetzlichen Möglichkeiten für ihre Kinder in Anspruch nehmen und dafür Sorge tragen, daß die Erlaßvorschriften an der Schule ihrer Kinder voll beachtet werden.

Betroffene Eltern können auch mit ihren Aktivitäten zur Lösung der LRS-Problematik beitragen.

Sie sollten offen mit anderen Eltern über ihre Probleme reden und Schulelternrat und Elternverbände um Mithilfe bitten.

Vermehrtes Üben allein in herkömmlicher Weise – wie es die Empfehlungen der KMK (Kultusministerkonferenz) vorsehen – vermag zwar in einigen Fällen von Lese-Rechtschreibschwierigkeiten zu helfen, doch Lese-Rechtschreibschwache brauchen mehr.

Sie benötigen eine individuelle und spezielle Förderung und begleitenden Notenschutz – auch über den Grundschulbereich hinaus, gegebenenfalls bis zum Abitur, bis sich ihre Rechtschreibleistungen ausreichend verbessert haben.

Dabei ist nicht die Vielzahl der Förderstunden entscheidend, sondern das Was und Wie der Vermittlung und das Verständnis des Lehrers für diese Problematik.

Ratsuchende können auch beim Bundesverband Legasthenie e.V. in Hannover (vgl. Verbände und Selbsthilfegruppen) gegen Unkostenerstattung den jeweiligen LRS-Landes-Erlaß und entsprechendes Informationsmaterial anfordern.

## 8. Fallbeispiel: „Ach ja, es hat wieder ‚gekippt'!" – Die BEDEUTUNG von Raumlage – Aufmerksamkeit – Feinmotorik

Eine Kollegin rief bei mir an, eine erfahrene Grundschullehrerin, die vor Jahren an einer von mir geleiteten Lehrerfortbildungsmaßnahme zum Thema Legasthenie teilgenommen hatte: „Ich meine, daß ich in meiner Klasse einen besonders schweren Fall von Legasthenie entdeckt habe. Hätten Sie Zeit, diese Schülerin zu überprüfen? Die Eltern sind mit einer Untersuchung einverstanden."

Als ich dann erfuhr, daß nicht nur dieses Mädchen, sondern auch dessen Bruder in Internaten untergebracht waren, wollte ich zuerst einmal die Eltern kennenlernen. Innerlich verärgert dachte ich: Beide Eltern stehen berufstätig in verantwortungsvollen Positionen, doch Zeit für ihre Kinder haben sie nicht!

Meine späteren Beobachtungen im häuslichen Umfeld sollten mich allerdings bald eines Besseren belehren.

Im ersten Anamnesegespräch saßen mir beide Elternteile gegenüber. Sie gaben sich aufgeschlossen, waren mitteilungsbereit und erkennbar bemüht, mit allen ihnen zur Verfügung stehenden Möglichkeiten ihrem Kind zu helfen (bei dem älteren Bruder, der inzwischen schon zum Abitur ansetzen konnte, gab es überhaupt keine Lernschwierigkeiten). Die Mutter berichtete von einigen Problemen bei der Schwangerschaft und bei der Geburt ihres „Frühchens" Elisabeth. Wahrscheinlich war daraus eine leichte Hirnfunktionsstörung abzuleiten, die später fachärztlich diagnostiziert wurde. Und diese war vielleicht als Ursache für die verschiedenen Ausfallbereiche/Teilleistungstörungen dieses Kindes anzusehen. Ein genetischer Zusammenhang wurde ausgeschlossen.

Abwechselnd und freimütig erzählten die Eltern von den Anpassungsschwierigkeiten ihrer Tochter im schulischen Bereich, besonders beim Erlernen des Lesens und Schreibens und von Kontaktschwierigkeiten zu anderen Kindern.

Auch die dreimal wöchentliche Nachhilfe durch eine Lehrerin aus dem Primarbereich brachte keine Abhilfe. Das damals schon lernmüde Mädchen lehnte auch andere Nachhilfekräfte im häuslichen Bereich ab und ekelte diese buchstäblich aus dem Hause.

Beim Übergang von der 2. in die 3. Klasse erhofften sich die Eltern durch eine Umschulung ihrer Tochter in eine Schule in einem anderen Stadtteil – mit gleichzeitiger Zurücknahme in die 2. Klasse – eine Verschnaufpause für dieses Kind. Doch in den folgenden Jahren verschlechterte sich das Bild wieder.

„Ich meine, die Lehrer waren froh, unsere Elisabeth – und damit die Verantwortung – abgeben zu können", so sprudelte es aus der empörten Mutter heraus. Aber dann schilderte sie sachlich weiter: „In der Orientierungsstufe erlebten wir täglich eine übersensible Tochter. Wir verzweifelten fast und holten uns zum Verhalten unserer Tochter ein psychologisches Gutachten ein. Nun wurden ihre Fähigkeiten und Talente – besonders im mathematischen Bereich – und ein überdurchschnittlicher IQ aufgedeckt. Da waren wir Eltern wieder etwas beruhigter!"

„Nur in der Schule wollte es nicht vorwärtsgehen! Sie konnte noch nicht einmal richtig lesen!" so entrüstete sich der Vater und erzählte weiter: „Als unser Sohn die Oberstufe des Gymnasiums mit Internatsunterbringung absolvieren wollte, da entschlossen wir uns – im Einvernehmen mit Elisabeth – auch für sie ein Internat auszusuchen. Wir erhofften uns alle, daß ein Wechsel in eine andere Gemeinschaft, das „Nicht-mehr-zur-Nachilfe-Fahren-Müssen" und die Hausaufgabenbetreuung im Haus unserer Elisabeth etwas Ruhe und schulische Verbesserungen bringen würden."

„Doch es kam noch viel schlimmer!" stöhnte die Mutter. „Die Schulleiterin empfahl nach den Zeugniszensuren den Übergang auf das Gymnasium. Doch nun kam der totale Zusammenbruch mit der Note sechs in Deutsch und Englisch. Was sollten wir tun?" Fragend sah mich die Mutter an. „Das Kind wieder zurückholen? Bis dahin hatten wir noch keinen

Rat oder Hinweis bekommen, *wie* wir unserer Tochter helfen konnten. Die Mißerfolge in der Schule häuften sich, und die Reibereien im Internat wurden immer heftiger. Was Wunder! Schimpften wir oder die Erzieher, dann bockte unsere Tochter noch mehr. Und die Zeit schleppte sich dahin! Jedes Wochenende kam unsere Elisabeth (und meist auch unser Sohn) liebend gern nach Hause. Dann hatten wir einmal – ohne Schule und Leistungsdruck – ein einigermaßen ausgeglichenes Kind. In der 6. Klasse sprach uns endlich die Klassenlehrerin unserer Tochter an und empfahl uns, Elisabeth durch Sie auf Legasthenie überprüfen zu lassen."

Aufatmend, ihre „Last" von der Seele gesprochen zu haben, sahen mich die Eltern an. Und es entwickelte sich in der Folgezeit wirklich eine vertrauensvolle Zusammenarbeit mit diesen Eltern, denen ich im Anfang so skeptisch gegenüberstand. Meine späteren Besuche im Elternhaus verschafften mir einen Einblick in ein harmonisches Familienleben, in dem sich nicht nur die beiden Kinder, sondern auch die Haustiere (Hunde, Katzen und Vögel) wohlfühlen durften. Besonders beeindruckend war auch die Beziehung der Geschwister zueinander, zwischen denen ein mehrjähriger Altersunterschied bestand. Es gab keinen Neid von seiten Elisabeths auf den so lern- und leistungsstarken älteren Bruder, und von ihm kein Abwärtsblicken auf seine kleine lernverzögerte Schwester. Die beiden halfen sich mit ihren Möglichkeiten, wo sie nur konnten. Als Elisabeth später einmal einen Menschen beschreiben sollte, den sie am meisten bewunderte, da wählte sie – ihren Bruder.

Elisabeths Klassenlehrerin sollte mit ihrer gezielten Beobachtung und ihrem Verdacht auf Legasthenie recht behalten haben. Meine förderdiagnostische Untersuchung und die zusätzlichen fachärztlichen Befunde bestätigten die schweren Teilleistungsstörungen des Mädchens. Die Intelligenzmessung hatte einen überdurchschnittlichen IQ-Wert aufgedeckt, und in der Zeugnisbetrachtung wurden Diskrepanzen deutlich: Überhang in den Denkfächern, Ausfälle im sprachlichen Bereich.

Dieses nahezu Unglaubliche brachte die Mutter eines anderen hochbegabten hyperaktiven legasthenischen Kindes vor kurzem mit zwei einfachen Sätzen auf den Punkt: „In Mathematik, da schreibt er „Einsen", und da tut er „nix". Im Diktat, da schreibt er „Sechsen", und da strengt er sich an."

Beim Lese – und Rechtschreibtest gab es bei Elisabeth untere Ergebnisse in der Auswertung, und eine schwere Wahrnehmungsstörung wurde deutlich.

Der Bewegungsfluß beim Schreiben war bei Elisabeth gebremst. Ihre Schrift erschien unharmonisch, krakelig, und sie wechselte in der Links-Rechts-Haltung.

Das Mädchen sprach hektisch, und der Sprachablauf war gestört. Elisabeths Schwierigkeiten nahmen zu, als sie sich am Ende der Testung unter Zeit- und Leistungsdruck vermutete. Sie wurde zusehends aufgeregter und verwirrter. Doch ich erklärte ihr die Bedeutung der Überprüfung. Da hielt sie standhaft durch. Ich konnte mir ihre tägliche Situation in der Schule – immer unter Zeitdruck – gut vorstellen.

In der Nachbesprechung ließen sich die gefaßten Eltern die Testergebnisse genau erklären.

Mit ihrem Einverständnis übermittelte ich auch der Klassenlehrerin das Gesamtergebnis und besprach mit ihr Möglichkeiten des gemeinsamen Helfens zur Überwindung von Elisabeths Lese-Rechtschreibschwäche. In dieser Lehrerin fand Elisabeth eine verständnisvolle Pädagogin, die ihr auch im Unterricht zusätzliche individuelle und spezielle Hilfen vermittelte.

Meine Empfehlungen zu weiteren fachärztlichen Untersuchungen erbrachten folgende Ergebnisse:

Ein Facharzt für *Augenheilkunde* entdeckte, daß Elisabeths Augen nicht deckungsgleich arbeiteten (andere Augenärzte hatten zuvor diese Fehlstellung nicht diagnostiziert). Das Tragen einer Lesebrille, die sie ein Jahr lang in der Schule (besonders beim Lesen) und bei den Hausaufgaben aufzusetzen hatte, brachte ihr eine wesentliche Erleichterung. Erst nachdem ein Stolperstein im Leselernprozeß beseitigt war, gelang ihr ein müheloseres Lesen.

Die gründliche *neurologische Untersuchung* und die ständige *Allgemeinbetreuung* wurde von dem Chefarzt eines Kinderkrankenhauses übernommen. Auch für die Eltern wurde er in der Folgezeit ein fürsorglicher Ansprechpartner. Er diagnostizierte eine schwere Aufmerksamkeitsstörung bei diesem hyperaktiven Kind nach einer standardisierten Bewertungsskala nach Conners; durch sie wird die Art der Verhaltensausfälle und der Stärkegrad der Aktivität erfaßt (Eichlseder 1987). In einem ausführlichen Erfahrungsaustausch mit mir und einem ausgiebigen Gespräch mit den Eltern erklärte der Arzt seinen Vorschlag zur Behandlung mit einem Stimulantium. Es sollte dadurch das Konzentrationsvermögen der Schülerin verbessert und nach Möglichkeit das hyperaktive Verhalten des Kindes positiv beeinflußt werden.

Die Mutter bekannte sich außerdem zu einer Ernährungsumstellung für dieses Kind. Auch Elisabeth gab ihre Einwilligung dazu. Es wurde eine phosphatreduzierte und allergenschadstoffarme Kost gewählt, um auch dadurch eine Verbesserung in Elisabeths Ausfällen zu erreichen. Wahrscheinlich konnte Elisabeths Gehirn (ähnlich wie bei gleichgelagerten Fällen von Hyperaktivität) bestimmte biochemische Substanzen nicht in der gleichen Weise verarbeiten wie die Gehirne anderer Menschen.

Als die Mutter befürchtete, daß man im Internat nicht konsequent genug diese Diät einhalten konnte, gab sie ihrem Kind die entsprechend zubereiteten Gerichte von zu Hause mit zum „erlaubten" Verzehr. Aber auch Elisabeth blieb standhaft bei der Nahrungsumstellung. Sie kannte inzwischen die Nahrungsmittel und Getränke, bei deren Einnahme es wieder bei ihr zu Verhaltensexplosionen kommen konnte. Selbst bei Geburtstagsfeiern lehnte sie jede Süßigkeit ab, die aus Fabrikzucker bereitet war (Bruker, 1987).

In der Zwischenzeit besuchte Elisabeth nun schon die Realschule. Auch hier mußte ich versuchen, durch gründliche Informationen der Lehrer/-innen ein Verstehen-Können zu erreichen, um Elisabeth neue zwischenmenschliche Schwierigkeiten möglichst zu ersparen. Das Verständnis, das sich von vielen Seiten zeigte, wurde manchmal allerdings auf eine harte Probe gestellt, wenn wieder Rückfälle auftraten. Und diese Rückschläge brachen erneut durch, wenn Elisabeth auf schulische Ungerechtigkeiten hochsensibel reagierte. So kam es z. B. – ein Jahr später – wieder einmal zu einem starken Gefühlsausbruch bei ihr, als ihr ein Diktat mit 13 rot angestrichenen Fehlern und der Note Fünf zurückgegeben wurde. Das Kind hatte inzwischen hart, zielstrebig und doch freudig an der Behebung seiner Rechtschreibstörung gearbeitet und war zunehmend sicherer in den Regelkenntnissen geworden. Elisabeth konnte ihre zeitweiligen Verstöße (Fehler gibt es *nicht* in der Therapie) bald selbst gut analysieren, einordnen und überlegen, wo noch abzuhelfen war. Wenn wieder einmal ein Raumlagefehler auftauchte (wenn sie z. B. „ie-ei"; „b-d"; „p-q" oder eine Stelle im Wort verwechselte), dann meinte sie nur: „Ach ja, es hat wieder einmal ‚gekippt'". Nun versuchte sie durch Pilotsprache (inneres Mitsprechen) und Luftschreiben das Wort in der richtigen Lautfolge aufzuschreiben (solche Möglichkeiten sind leider für die betroffenen Kinder bei einem Streßdiktat in der Schule nicht gegeben). Beim Überblicken dieses oben benannten Diktates erkannte *sie* sofort, daß ihr nur ein einziger Regelfehler unterlaufen war. Die 12 anderen Fehler lagen im Wahrnehmungsbereich, davon fünf wiederum begründet in ihrer Raumlagelabilität.

Sie versuchte sofort, mit der Lehrkraft zu verhandeln, doch es blieb trotzdem bei der Summe von 13 Rechtschreibfehlern.

Unglücklicherweise konnte sie mich nicht sofort nach Schulschluß telefonisch erreichen, und so kam es im Internat zu einem Wutausbruch. Wahrscheinlich wäre es mir auch diesmal wieder geglückt, sie aufzufangen und ihr auch die Situation von Lehrkräften darzustellen, die durch Anweisung der Institution Schule – durch eine bestehende Erlaßlage – sich zu diesem Handeln beauftragt fühlen. Dies ist mir in vielen Gesprächen mit Lehrkräften im Deutschbereich immer wieder deutlich geworden.

*Besonders* unglücklich war Elisabeth noch einmal, als ihr bei einer Geschichtsarbeit eine Antwort als Fehler angekreidet wurde, die inhaltlich richtig war. Sie sollte einen Kirchenfürsten benennen und schrieb das Wort „Abt" in einer Raumlageverdrehung so: „Atb".

Glücklicherweise war ich diesmal mittags anzutreffen. Es klingelte an der Haustür Sturm und Elisabeth stand mit hochrotem Kopf vor mir: „So eine Ungerechtigkeit!" Sie mußte sich erst einmal „auslassen" können. Das bedeutete aber gleichzeitig, daß sie mit mir *unmittelbar* etwas üben wollte. Mein Mittagsschlaf war weg, doch das Kind brauchte mich in *diesem* Augenblick und nicht erst zwei Stunden später, zum eigentlichen Therapiebeginn. Nach solchen Ereignissen benötigte sie besonders stark – als Gegenstück zu offensichtlichem Unverständnis – meine *ehrliche* Anerkennung und mein Lob für ihr ansteigendes Können im Lese-Rechtschreiberwerb.

Fast zur gleichen Zeit ereignete sich eine ähnliche Raumlageverdrehung bei einem anderen teilleistungsschwachen Schüler in einer Sachunterrichtsarbeit in einem 3. Schuljahr. Die Kinder sollten einen Nachtvogel benennen und das besagte Kind schrieb „Uele". Der Lehrer strich das Wort durch, dieses „Tier" kenne er nicht! Und aus der vom Schüler schon errechneten Zensur „Eins" – durch null Fehler – wurde eine „Zwei". Die Mutter rief ganz aufgeregt bei mir an. Sie war von mir in der Vergangenheit schon ausgiebig über die Situation ihres Kindes informiert worden. In ihrer nun aufgebrachten und entrüsteten Stimmung wollte sie am liebsten gleich den Lehrer aufsuchen. Ich riet ihr, sie solle sich lieber bei *mir* abreagieren. Dann schlug ich ihr vor, sich eine Informationsbroschüre des Bundesverbandes Legasthenie (1991) für den Lehrer abzuholen, ganz ruhig mit ihm über den besonderen Fall ihres Kindes zu sprechen und ihm ein Zusatzgespräch mit mir anzubieten.

Alle genannten Bemühungen hatten in diesem Fall guten Erfolg. Der Lehrer, der jahrelang im 8. Schuljahr unterrichtet hatte und nun überraschend ein 3. Schuljahr übernehmen mußte, konnte sich noch gar nicht ausgiebig mit dieser Problematik auseinandersetzen. Er war dankbar für die Informationen und erbat sich Hinweise für weitere Fachlektüre. Das betroffene Kind erhielt in seiner Sachunterrichtsarbeit die Zensur auf ‚Eins' berichtigt, denn der Lehrer hatte nun erkannt, daß mit dem Wort „Uele" die richtige Antwort – nämlich „Eule" – gemeint war.

Nun will ich noch einmal an Elisabeths Anfang zurückgehen. Denn neben Medikamenteneinnahme, Ernährungsumstellung, Lesebrille und Verständnis durch das Umfeld mußten ihr Basiskenntnisse im Lesen und Schreiben vermittelt werden.

Die Basisbehandlung übernahm mein Sohn. Da uns die Kinder beide kennen und liebhaben, gibt es keine Probleme bei einem Austausch, Wechsel oder einer Vertretung. So auch im Falle Elisabeths. Er vermittelte Elisabeth die Gebärdensprache und ließ sie im Schnellgang (im Verlaufe eines Jahres mit zwei Unterrichtsstunden pro Woche) noch einmal das Erstlesen durchlaufen. Dabei entdeckte er Lücken, die er mit individuellen speziellen Mitteln – auch mit einer entsprechenden Bewegungsschulung – zu schließen verstand. Belustigt erzählte er mir, daß sie schon bald in der Zeichensprache ihn zum Wettkampf auffordern wollte. Sie erlernte bei ihm auch die Pilotsprache. Dies bedeutet, daß das Kind den jeweiligen Laut erst dann als Buchstaben niederschreiben darf, wenn sein Aussprechen beendet ist (der Pilot steuert das Flugzeug, die Sprache steuert das Schreiben).

Zur Überwindung ihrer Raumlageschwierigkeiten war ihr diese Hilfe besonders nützlich, wenn sie beim Niederschreiben von Wörtern die richtige Reihenfolge der Buchstaben einhalten sollte. Mit Freude, Eifer und Begeisterung war sie bei der Sache. Bei allem, was sie mit Spaß leisten konnte und ihr sichtbare Erfolge verschaffte, war sie kaum noch zu bremsen. Dabei war es für Elisabeth – gerade in der Anfangsbehandlung – sehr wichtig, daß sie nicht ständig an ihre Leistungsgrenze stoßen mußte, sondern daß der Therapeut sie stufenweise nach oben klettern ließ.

Auch im Lesen verbesserten sich Elisabeths Leistungen unter seiner Führung sehr schnell. Durch die Lesebrille wurde ihr visuelles optisches Aufnehmen immer besser, und es gelang ihr bald, fehlerlos zwei- und dreisilbige Wörter niederzuschreiben und sich auch zunehmend Rechtschreibregeln anzueignen. Durch den erlebten Erfolg ihrer Handlungen war sie stets zur Mitarbeit und zu Wiederholungen bereit, und ihr Selbstvertrauen stieg zusehends an.

Nun übernahm ich den weiteren Verlauf der Therapie (jeweils eine Stunde pro Woche). Es galt, ihre Berührungsängste zu umgehen, Berührungskontakte zu schaffen. Der Einsatz des Tastsinns – haptische Übungen – mußten mithelfen: Schwierige Buchstaben und Silbenverbindungen schrieb ich ihr dazu auf den Rücken. Sie sollte diese Buchstabenformen erfühlen, erraten und sprachlich richtig wiedergeben. Dies klappte zunehmend schneller und besser.

Auch das ,Tafelwischen' ließ sie sich gefallen: Dazu rieb und streichelte ich mit der Hand über ihren Rücken. Bald erstarrte sie nicht mehr mit erschreckten Augen zu einer Salzsäule, wenn ich sie – bei „Frohbotschaften" aus der Schule – spontan an mich zog. Weich gab sie nach und meinte mit einem verlegenen Lächeln, aber einem glücklichen Strahlen in den Augen: „Ja, ja, ja, ja ..."

Eines Tages gestand sie mir, daß sie so gern wieder reiten wolle, auch schon einiges könne, aber ihr die Eltern keine Erlaubnis dazu erteilen würden. Da versuchte ich zu vermitteln. Die Mutter meinte: „Erst Erfolge in der Schule, dann das Hobby!" Ich war anderer Meinung mit entsprechender Begründung: Durch die Betreuung, durch das Führen eines Pferdes würde Elisabeths wiedergewonnenes Selbstbewußtsein wahrscheinlich noch mehr ansteigen. Das Ganze endete mit einem Kompromiß und einer Absprache: Erst Zensurenverbesserung durch *sichtbaren* Fleiß, danach erst Reiten! Elisabeth erreichte dieses Ziel und erhielt den Preis. Sie vernachlässigte in der Folgezeit weder das ihr anvertraute Tier noch den Unterricht bei mir oder in der Schule. Und doch hatte sie sich zu einem späteren Zeitpunkt zu entscheiden zwischen einem Üben für ein Reitturnier oder für einen Aufsatz. Sie verzichtete – wenn auch schweren Herzens – auf das Reitturnier und übte mit mir für den Aufsatz. Das Ergebnis belohnte den Fleiß: Die Drei in Deutsch ermöglichte ihr den qualifizierten Realschulabschluß.

In der Realschule erfreute sie inzwischen in Mathematik, Physik und Chemie mit guten Zensuren. In den anderen Lernfächern erbrachte sie befriedigende, teils bessere Ergebnisse. Im Deutschbereich hatte sie nun schon ausreichende Beurteilungen erreicht. Im Fach Englisch waren ihre verschiedenen Teilleistungsstörungen oftmals ein großes Hindernis (Paulsen 1987, Bundesverband Legasthenie 1992). Doch auch hier hatte sie durch viel Fleiß wesentlich bessere Benotungen erreichen können. Das Mädchen versuchte, sich in einem der beiden Fächer auf eine Drei zu verbessern, um damit den Qualifizierten Realschulabschluß zu erlangen und den fortführenden schulischen Weg zum Abitur einschlagen zu können.

Doch um das zu erreichen, mußte ihr noch ein Aufmerksamkeitstraining vermittelt werden. Sie sollte zu einem *bedächtigeren Vorgehen* bei ihren Handlungen, zu einem nochmaligen Überdenken ihrer Lösungen gebracht werden. Klassenarbeiten sollten in Zukunft nicht mehr vorschnell abgegeben und ihre Arbeitszeit von *ihr* richtig eingeteilt werden.

Durch zu große Impulsivität können hyperaktiven Kindern auch Teile des Unterrichts – wie z. B. beim Lesen und Schreiben – verlorengehen. Lernhilfen, wie Aufmerksamkeitsstabilisierung, benötigen praktisch alle impulsiven Kinder. Ein Großteil der Erziehungsberechtigten beklagt sich bei Beratungsgesprächen über die motorische Unruhe, die Impulsivität und die Unkonzentriertheit ihrer Kinder. Besonders Mütter verzweifeln, wenn ihnen die Ausfälle ihrer Kinder vom Umfeld als mütterliche Erziehungsfehler (übergroße Verwöhnung) angelastet werden. In jedem Fall sollten ratsuchende Eltern die vielleicht vorgegebene Verhaltensstörung ihres

Kindes durch eine gründliche Untersuchung (mit Verhaltens-
analyse, z. B. von Psychologen, Psychiatern, Neurologen
usw.) abklären lassen. Betroffene Eltern haben die Möglichkeit, in den Selbsthilfegruppen des Arbeitskreises „Überaktives Kind e.V." praktische Hilfe und moralische Unterstützung in ihrer schwierigen Situation zu erhalten (vgl. Verbände und Selbsthilfegruppen).

Auch an Elisabeths Kontakt- und Anpassungsfähigkeit
mußte gearbeitet werden. Ich holte sie in eine Gruppenthera-
pie, die einmal pro Woche stattfand. Von den anderen drei
Gruppenteilnehmern kannte sie einen Jungen schon aus ihrer
früheren Schulzeit. Mit dem zweiten besuchte sie zu dieser
Zeit gemeinsam das laufende Schuljahr. Auch der dritte
Junge war Schüler einer Realschule. Alle vier Kinder wollten
den Realschulabschluß erreichen und haben dieses Ziel auch
erlangt.

Bis dahin hatte Elisabeth noch Organisationsprobleme; ihr
Ordnungs- und Reihungssinn war gestört, und die graphomotorische Störung hatten wir noch nicht im Griff. Von Anfang
an übernahm Elisabeth – sogar von mir zuerst noch unbe-
merkt – die Führung in der Gruppe. Sie wollte sich doch auf
keinen Fall vor den Jungen blamieren. So erfreute und überraschte sie immer mehr mit bestechend sauber und anschaulich schön aussehenden Mappen, Schreibarbeiten usw. und
bemühte sich um eine gefällige Schrift. Die Jungen wollten
umgekehrt auch nicht hinter diesem kleinen Mädchen zu-
rückstehen: Elisabeth war in der Tat kleinwüchsig und zier-
lich, doch eigenwillig und selbstbewußt. Nun, die Jungen
schauten sich – heimlich – auch etwas ab und lernten dabei
sehr viel an Sorgfalt und Arbeitsauffassung dazu. Bei einem
der vier Schüler war eine Schriftverbesserung allerdings
kaum möglich. Er litt an einer der schwersten graphomotorischen Störungen (neben einer Schwächung seiner optischen
Feinsteuerung), die mir je bei einem legasthenischen Kind begegnet ist. Wie oft habe ich seinen Lehrer darauf hingewiesen
und um Verständnis für dieses Kind gebeten. So kam es z. B.
als Folge seiner graphomotorischen Störung bei Diktaten oft

zu Ausrutschern bei den Buchstaben „r"; „v"; „n"; „m" usw., die ihm als Grammatik- oder schlechthin als Rechtschreibfehler angekreidet wurden (Heermann 1985, Pelikan-Verlag 1993/94).

Die Gruppe war inzwischen homogen und stützte und förderte sich gegenseitig mit dem „Zugpferd" Elisabeth. Wenn einer von ihnen wieder einmal „ausflippen" wollte, dann hatte ich für diesen Zweck schon griffbereit eine „Gedächtnisstütze" liegen. Ein Klaps mit einer zusammengerollten Zeitung – und der Impulsive selbst und die Gruppe dazu nahmen diese Korrektur gern und selbstverständlich an.

Alle vier Kinder konnte ich später mit gutem Erfolg und beruhigendem Gefühl aus der Therapie entlassen. Jeder von ihnen hatte den erwünschten Schulabschluß erreicht. Zwei von ihnen bekamen inzwischen eine Lehrstelle in einem selbstgewählten Beruf – entsprechend ihren Fähigkeiten und Begabungen – und sind glücklich und zufrieden in ihren neuen Aufgabenbereichen. Der dritte will noch auf dem Weg über die Wirtschaftsschule das Fachabitur erreichen und möchte gern eine Banklaufbahn einschlagen. Nach seinem letzten Zeugnis mit bestechenden Zensuren könnte ihm eigentlich nichts mehr bei diesem Schulziel im Wege stehen.

Elisabeth ist inzwischen in ihren Heimatort zurückgekehrt und hat sich dort ein Gymnasium ausgewählt, das als sehr anspruchsvoll in dieser Großstadt bekannt ist.

Am 18. Geburtstag meiner Vize-Tochter Elisabeth (wie sie sich selbst nannte) hörte ich voll Freude das freimütige Bekenntnis der Mutter, das sie vor den über hundert anwesenden Gästen aussprach: „Wir Eltern sind stolz auf unsere Tochter, besonders darauf, daß sie diesen Lernweg mit eigener Willenskraft, Stärke und Durchhaltevermögen erreicht hat – trotz ihrer Lernschwäche: Legasthenie."

Alle vier lese-rechtschreibschwachen Schüler haben das gezielte Lernen erlernt, auch wenn es mit vielen Schwierigkeiten verbunden war. Und damit haben Legastheniker manchem Leichtlernenden im späteren Berufskampf etwas voraus. *Sie* waren Schwierigkeiten und Durchhalten gewohnt und mußten immer wieder einen Neuanfang und einen *neuen* verständnisvollen Lehrer suchen.

Bei dieser lese-rechtschreibschwachen Schülerin war das von ihr erreichte Schulziel – durch die Vielzahl der Ausfallbereiche, der Intensität und den Ausprägungsgraden der jeweiligen Teilleistungsstörungen – niemals zu erwarten gewesen.

Durch den unwahrscheinlichen Fleiß des Mädchens, durch eine gute Teamarbeit von Eltern, Internatsbetreuern, Lehrern, Psychologen, Ärzten und Therapeuten war dies letztlich möglich geworden.

### Häusliche Dramen durch Hausaufgabenhilfe?

„Diese vielen Fehler! Du mußt mehr üben!" Mit solchen und ähnlichen Diktatzusätzen wird das Einüben von Diktaten oftmals direkt ins Elternhaus verlagert. Und wer muß der „Antreiber", der „Eintreiber" sein? Meist sind es die Mütter. Sie arbeiten also ohne Anleitung, versuchen es mit ihren Möglichkeiten und begehen dabei – unbeabsichtigt – in ihrer Not, Verzweiflung, Hilflosigkeit, in ihrem Alleingelassensein oft schwerwiegende Fehler. Sie versuchen es zuerst mit Liebe und Geduld, mit Süßigkeiten und Versprechungen, nach und nach mit Stubenarrest, Fernsehverbot, Zorn, Wutausbrüchen und nicht zuletzt „rutscht auch die Hand aus", was wiederum die Mütter in Schuldkomplexe stürzt (vgl. Verbände und Selbsthilfegruppen). Der häusliche Friede ist gestört, und wenn dann – trotz allem – das Diktat (wieder einmal!) den „Bach hinunter gegangen" ist, dann haben die Mütter auch noch den Abladefrust ihrer Kinder (oder auch des entrüsteten Ehemannes oder anderer wohlwollend meinender Familienangehöriger) zu ertragen. Die Spannungen in Familien mit lerngestörten Kindern häufen sich, der Schrei nach außerschulischer Förderung wird immer größer – und notwendiger (Warnke 1978).

Mündliche, telefonische oder schriftliche Verzweiflungsausbrüche von betroffenen Müttern – sie bezeichnen sich oft als „Hilfslehrer/-innnen der Nation" – treffen ständig bei mir ein. Und dabei kann man sich doch schon bildlich vorstellen, welch häusliches Chaos sich abspielen muß, wenn einem Kind etwas abverlangt wird, was es schon in der Schule – unter fachgerechter Anleitung – nicht zu leisten vermag.

So wird z. B. am Montag ein längerer Diktattext für die ganze Woche als Hausaufgabe aufgegeben, am Freitag wird diktiert. Eines der Kinder erzählte mir dazu unter Tränen: „Ach, Frau Soremba, spielen kann ich nur am Freitagnachmittag. Da ist am Vormittag schon das Diktat geschrieben. Am Montag gibt uns die Lehrerin den Text für die ganze Woche auf. Am Montag übe ich schon einen Teil mit meiner Mutter; das ist ganz schlimm, dann schreit sie so oft. Am Dienstag geht es so weiter, dann auch am Mittwoch und Donnerstag. Dann schlafe ich besonders schlecht, weil ich weiß, daß ich viele Wörter wieder vergessen habe. Und wenn ich am Samstag oder am Montag das Diktat wiederbekomme, dann ist alles verhauen, dann muß ich oft alles abschreiben. Und dann steht wieder darunter: Du mußt mehr üben! Und dann schimpft meine Mutter wieder und sagt, ich hätte nur nicht richtig aufgepaßt." Er schaute mich dabei traurig an, seine Schultern hingen herunter. Ich drückte ihn an mich und sagte: „Du schaffst es schon noch! Schau doch, wieviele Wörter du heute wieder richtig geschrieben hast!" – „Ja, – bei dir".

Dieses Kind hatte mit Sicherheit geübt, auch unter dem ‚Kampfeinsatz' seiner Mutter. Oder sollte es ganz allein üben? Wie denn? Auch vor dieser Tatsache stehen oft Kinder von alleinerziehenden Elternteilen, wenn diese am Nachmittag noch berufstätig sind. Soll etwas eingeübt werden, was in seinen Grundelementen noch nicht beherrscht wird? Sollen unwahrscheinlich schwierige Sätze oder Wörter – wie z. B. „fährt" – schon im 1. Schuljahr eingetrichtert werden, die oft schon am Abend oder am nächsten Morgen – beim Diktat selbst – wieder vergessen sind?

Muß das Diktatüben also wirklich ins Elternhaus verlagert werden? Lernen Kinder durch solche Streßdiktate überhaupt die Rechtschreibung? Einige vielleicht, aber die anderen?

Auch nach Einschätzung von Lehrern/Lehrerinnen liegen

am Ende der Grundschulzeit die Rechtschreibergebnisse unter den Leistungen in den anderen Fächern. Und der Anteil der Schüler/innen, die die Grundschule ohne ausreichende Rechtschreibleistungen verlassen, ist nach wie vor zu hoch und liegt erheblich über dem Versagen in den übrigen Lernbereichen.

Weiterführende Schulen, Universitäten, Industrie- und Handelskammer, sowie die „freie Wirtschaft" berichten von einer besorgniserregenden Zunahme von unzulänglichen Rechtschreibleistungen bei jungen Menschen. Soll Abhilfe geschaffen werden durch Delegation ins Elternhaus, ohne Anleitung, wie hier zu helfen ist? Ist der Lehrstoff allgemein in der Schule so umfangreich geworden, daß es kaum noch Zeit gibt, ihn zu festigen?

Mir sagte einmal ein verbitterter Vater: „Die Arbeiten in der Schule türmen sich, besonders vor den Festtagen und Ferien. Ich meine, die Lehrer denken sich die Tests aus, und wir Eltern müssen sie dann den Kindern eintrichtern."

Und wie ist dem abzuhelfen? Etwa durch vermehrtes herkömmliches Üben – anstatt durch individuelles spezielles Fördern?

Warum können Hausarbeiten nicht differenziert verteilt werden, besonders unter dem Gedanken der Gerechtigkeit? Denn Schüler *ohne* Lernprobleme erledigen ihre Hausarbeit in kürzester Zeit (ohne häusliche Mithilfe) manchmal schon in der Schule (z. B. am Ende einer Schulstunde). Sie können dann am Nachmittag unbekümmert spielen, ihren Hobbys nachgehen *und* werden in der Schule noch gelobt, weil sie *alles* so gut gemacht haben. Bei den *anderen* dagegen geht es um eine Lernzeitverlängerung, um ein Erzwingen von Lernkapazität. Anstatt spielen – mehr üben, mehr arbeiten! In der Schule bekommen sie dann noch Schelte, wenn die Hausarbeit nicht sachgerecht ausgeführt wurde.

Doch gibt es auch überehrgeizige Eltern, die meinen, daß ihre Kinder noch mehr üben müssen, um noch besser zu werden, und die sie dadurch selber überfordern. Das liegt daran, daß ihnen weder das Leistungsvermögen (Unvermögen) ihres Kindes klar gemacht, noch die Möglichkeit gezeigt wird, *wie* mit LRS-Kindern zu üben ist.

*Grundsätzliches zum Thema „Üben" und „Hausaufgaben"*
1. Eltern sind nicht die Nachhilfelehrer/-innen ihrer Kinder (in der Regel sind Eltern auch nicht zum Lehrer/zur Lehrerin ausgebildet, und selbst dann – und dies nicht selten – können ungeahnte Schwierigkeiten entstehen).
2. Häusliche Übungen dürfen auf keinen Fall erzwungen werden (damit schadet man in jedem Fall den Kindern).
3. Bitten Sie den Lehrer/die Lehrerin, Ihnen die Möglichkeiten für sinnvolles häusliches Üben zu nennen.

Es gibt in den Bundesländern Erlasse, die auch die Hausaufgabenverteilung regeln und z. B. vorgeschriebene Höchstzeiten benennen. Bitten Sie Ihre Elternvertreter darum, sich nach einem solchen Papier zu erkundigen. Hausaufgaben sollten immer ein Thema für einen Elternabend sein.

Zwingen Sie Ihrem Kind nichts auf! Doch Ihr Kind wird Sie sicherlich darum bitten, wenn es das Üben mit Ihnen hilfreich empfindet.

Durch vermehrtes häusliches Üben – ohne Anleitung – kann Ihr Kind in einen „Teufelskreis" geraten (Breuniger-Betz 1987): Das Kind bekommt nach einem verunglückten Diktat Nackenschläge von allen Seiten, teils durch Schelte von Lehrern, durch Spott von Klassenkameraden, durch Vorwürfe von Eltern und durch Zweifel an sich selbst. Es entstehen Frustrationen, Verweigerung und Versagensängste. Folgeschäden kommen schnell nach, z. B. körperliche Beschwerden wie Kopfschmerzen, Magenschmerzen, Schlafstörungen u.ä. oder auch neurotische Beschwerden wie Aggressionen in der Schule oder zu Hause, oder Regressionen – ein „Zurückziehen", ein Flüchten „in-sich-selbst" oder auch in eine andere Welt (Trappe 1989, Hackler 1992).

Unmut, Unlust, Widerwillen, Angst, Leistungsdruck und

Streß sind keine „Leitern" zur gedächtnismäßigen Verankerung in die graue Gehirnrinde, dorthin, wo die im Schrift-
spracherwerb gewonnenen Einheiten gelangen sollen.

Dagegen ist der schnellste Lernweg *die Freude, der Spaß
am Lernen.* Wenn dazu noch die Erkenntnis kommt: „Oh,
das kann ich ja schon wirklich! Ach, so muß ich das machen!
Hier muß ich noch etwas üben! Das ist ja ganz toll, daß ich
das kann!" dann hat sich ein „Teufelskreis" in einen „Engelskreis" verwandelt (Breuninger/Betz 1987).

Unter welchen Gedanken habe ich früher als Lehrerin Hausaufgaben erteilt? Wenn ich damals eine neue Klasse übernahm, wurden die Eltern gleich beim ersten Elternabend über
Sinn und Zweck der Hausaufgabenverteilung von mir informiert und ihnen dazu folgendes Angebot unterbreitet:

„Liebe Eltern, wenn Sie einmal der Meinung sind, daß Ihr
Kind etwas nicht richtig verstanden haben sollte, dann quä-
len Sie sich (und Ihr Kind) nicht, sondern schicken Sie es mit
unerledigter Hausarbeit zu mir in die Schule. *Ich* werde es
ihm gründlicher erklären. Wenn es Ihrem Kind an diesem
Nachmittag nicht gut geht, oder wenn die Oma, Tante Ida
oder sonst wer plötzlich zu Besuch kommt und Ihr Kind mit-
feiern möchte, oder sonst ein triftiger Grund vorliegt, dann
lassen Sie es *ohne* Hausarbeit in die Schule gehen. Sie brauchen mir keine langen Erklärungen unter die Entschuldigung
zu schreiben. *Ihre* Unterschrift im Hausarbeitenheft Ihres
Kindes genügt mir …!"

Wenn Eltern an diesem Elternabend fehlten, dann besuchte
ich sie, damit ich ihnen *diese* und auch andere Informationen
übermitteln konnte. Ich meine, daß ich in all den Jahren mit
den Erziehungsberechtigten vertrauensvoll zusammenarbei-
ten konnte.

Dieses Vertrauensangebot wurde nicht mißbraucht – weder von den Eltern noch von den Kindern. Diese wußten ja,
daß ich in der Regel täglich die Hausarbeit nachsah, denn
sonst wäre sie wertlos gewesen. Sie erwarteten ihre Beurteilung, auch Belohnung durch „Sternchen" und freuten sich

selbst allmählich immer mehr über ihre hübsch geführten Hefte. Ich bat sie, wenn ihre Hausarbeitshefte vollgeschrieben waren, diese nicht wegzuwerfen, sondern sie mir zu überlassen. Und so habe ich heute noch eine Sammlung von so schönen schriftlichen Kinderfleißheftchen oder Mappen aufbewahrt, von denen ich mich einfach nicht trennen kann.

Ach, wie warteten die Kinder auf ihre „Sternchen"! Aber sie lernten es auch anzunehmen, wenn dieses besondere Zeichen einmal nicht gesetzt werden konnte, bzw. sie sagten schon von selbst: „Diesmal ist es nicht so gut, morgen wird es besser!"

Im allgemeinen ging es in meinem Unterricht lebhaft und fröhlich zu. Und wenn Kinder ihre Grenzen kennen (in der Schule und im Elternhaus), kann man sie gut „an der langen Leine" führen und sie auch rechtzeitig „zurückrufen". Das braucht allerdings nicht unbedingt durch laute Stimme zu geschehen. Wenn sich bei mir einmal eine „fruchtbare" Unruhe in eine „furchtbare" Unruhe verwandeln wollte, dann lehnte ich mich zunächst einmal mit verschränkten Armen von rückwärts gegen das Lehrerpult. *Ich sagte nichts,* doch mein Gesicht „sprach Bände" – „Gewitterwolken zogen auf". Irgendeiner merkte dann schon die bedrückende Stille, stieß den Nachbarn an: „Du, schau mal, *die* Frau Soremba!" Und dieses Anstoßen, Zuflüstern ging im Schneeballsystem weiter. Eine große Ruhe trat ein, und die Kinder blickten gebannt in mein Gesicht. Wenn ein erstes Lächeln bei mir auftauchte, sich die „Wolken glätteten", dann ging ein Aufatmen durch die Klasse – und ein sinnvolles Arbeiten war für *alle* möglich.

Wenn Hausarbeiten einen Zweck haben sollen, dann ist Kontrolle nötig. Die Stillarbeit, auch als Lernzielkontrolle, bietet sich dazu an.

Es ist nicht leicht für alle Kinder, auch das „Ruhig-sein-zu-müssen" zu begreifen und für die Erstkläßler, dies erst einmal zu erlernen. Zu Hause – und später überwiegend im Kindergarten – konnten sie ihren natürlichen Bewegungsdrang ausleben. Doch auch schon in dieser Einrichtung gab es Spielregeln. Die Natur und auch der Mensch brauchen Regeln und Grenzen. Und dort, wo sie nicht beachtet werden, etwa im Straßenverkehr, kommt es zum Chaos. Aber auch das müssen die Kleinen rechtzeitig erfahren: Diesen „Zaun" dürfen wir nicht überklettern, aber innerhalb dieses „Zauns" fühlen wir uns wohl und geborgen.

Allerdings kommt der Erstunterricht dem natürlichen Bewegungsdrang dieser Kleinen entgegen, indem sie nicht bis zur Pausenglocke aushalten müssen. Der Unterricht kann durch Singspiele, Fingerspiele, Fang- und Reihenspiele (nach Möglichkeit im Freien) unterbrochen und aufgelockert werden.

Doch irgendwann – je früher desto besser – muß die Hinführung zur Stillarbeit kommen, in der jedes Kind das eben Erlernte *an sich selbst* erproben kann. Erst wenn dies wirklich von allen Kindern sinnvoll vollzogen worden ist, sollte eine *gekonnte* Hausarbeit – *zur Wiederholung und Vertiefung des Lehrgutes* – *individuell* verteilt werden.

Ich z.B. beobachtete die Klasse. Wenn ich Hilflosigkeit in den Augen oder an den Gebärden der Kinder erkennen konnte, half ich durch Mimik, Gestik, Fingerzeigen weiter. *Der „seidene" Faden im Kopf durfte nicht zerreißen.* Die Bedeutung dessen kannten meine Kleinen sehr bald. Sie hörten gern Geschichten, Märchen usw., und so erzählte ich ihnen, daß die beiden Hirnhälften da oben (auch diesen Begriff kannten sie bald) sich „gut vertragen" müssen, damit man gut lernen kann. Wir haben uns bildlich vorgestellt, wie der seidene Faden allmählich von der einen Hirnhälfte zur anderen gesponnen wird (wie bei der Seidenraupe) und daß ihn keiner (z.B. durch lautes Rufen) unterbrechen durfte. Ein Kleiner meinte einmal dazu: „Am besten, die beiden heiraten, dann bleiben sie immer zusammen." Die Ruhe war wohltuend für alle und wirklich manchmal so groß, daß Besucher (Kollegen/Kolleginnen oder Eltern, die Pausenbrote nachbrachten) glaubten, hinter der Tür sei eine leere Klasse.

Wenn ich mir dann im klaren war, daß jedes Kind diese

Stillarbeit nach seinem Vermögen erledigen konnte, dann kontrollierte ich – auch durch leises Herumgehen – die regelmäßig erteilte Hausarbeit der Kinder: Lesen, Schreiben, Rechnen. War besonders schönes Wetter oder gab es ein überraschendes Ereignis, dann fielen die Hausarbeiten spontan aus. Wer *mehr* erledigen wollte, der wurde nicht gebremst. Dafür lobte ich durch freundliche, mündliche Anerkennung: „Sternchen" allerdings gab es nur für die reguläre, bzw. individuell erteilte Hausarbeit. Kinder lernen es schnell, als gerecht zu empfinden, wenn Hausarbeiten differenziert verteilt werden. Nur ist die entsprechende Begründung dazu notwendig.

*Die Lehrerin ist aufgehalten worden und kommt zu spät in die Klasse*
Auch für solche Augenblicke (selbst wenn es nur Ausnahmen sein durften, wenn z. B. eine Mutter nach dem Pausenschlußzeichen noch um einen kurzen Rat bat) hatte ich meine Kinder schon „eingestellt". Es sollte bei solch einem Zwischenfall in meiner Klasse nichts „drunter und drüber" gehen. Es lag also ein von mir bereits angelesenes spannendes Lese-, Märchen- oder Geschichtenbuch, auf dessen weiteren Inhalt die ganze Klasse schon mit Spannung wartete, auf dem Lehrerpult. Wenn mit dem Ende des Pausenzeichens die Lehrerin nicht die Klasse betrat, dann ging automatisch der schon vorsorglich Bestimmte (aber es mußte wirklich ein *guter* Vorleser sein) zu meinem Tisch und nahm meinen Sitzplatz ein. Er war jetzt „Hilfslehrer" und nahm meine Funktion ein, nötigenfalls hätte er – falls eine nicht zu bändigende Unruhe aufgetreten wäre – die Unruhestifter an die Tafel schreiben dürfen (zu meiner „Nachbehandlung"). Aber dies wurde nicht nötig! Denn viel zu gern hörten *alle* die Fortsetzung der im Anfang bekannten spannenden Geschichte weiter. Und wenn ich dann *leise* in die Klasse zurückkam, dann legten die Kinder trotzdem noch den Finger auf den Mund *(ich* sollte still sein): Sie wollten einfach weiterhören. Doch nach einem kurzen Kompromiß konnte der eigentliche Unterricht weitergehen.

*Die Hausarbeit war zu unsauber angefertigt – alles noch einmal!*

Wenn die Heftführung nicht sauber ist, sollte dies den Kindern – vor einer Rüge – zuerst vermittelt werden. Kinder mit einer feinmotorischen Störung suchen oft orientierungslos im Schreibraum herum und kritzeln teils nach links und teils nach rechts. Sie benötigen verständnisvolle Hilfe, Entlastung und nicht Belastung durch nochmaliges Abschreiben. Auch Kinder mit einem gestörten Richtungs- und Reihungssinn können sich im räumlichen Bereich nicht richtig zurechtfinden und hinterlassen oftmals eine katastrophale Unordnung. Auch sie brauchen entsprechende Anleitung – so früh wie möglich. Linkshänder benötigen eine besondere Anweisung, wenn sie mit dem Füllhalter schreiben dürfen (nach Möglichkeit ein Schreibgerät für Linkshänder verwenden!). Auch in der Vergangenheit praktizierter Schönschreibunterricht brachte dem Schreib- und Rechtschreibunterricht große Vorteile. Was im Anfang nicht vermittelt wurde, ist schwer in den nächsten Jahren wieder aufzuholen.

Dies fällt mir im therapeutischen Unterricht immer wieder auf, wenn ich diese Unzulänglichkeiten beobachte und sie, um hier gezielt helfen zu können, richtig einordnen und auswerten will. Doch oftmals stecken gar nicht Störungen im optischen, räumlichen Bereich usw. dahinter, sondern tatsächlich nur „Schlampereien", ein „Nicht-so-genau-Nehmen". Wenn es sich besonders um das Fehlen von „i-Punkten", Umlautzeichen u.ä. handelt, dann hilft mir der folgende Weg besonders: Ich zähle die Ober- und Unterzeichen vorweg und nenne dem Schüler/der Schülerin wie viele er/sie davon richtig gesetzt und nicht ausgelassen hat. Selbstverständlich nimmt hier Farbe zum Reflektieren, zum Kennzeichnen (nicht aber zum Fehleranstreichen) einen breiten Spielraum der Behandlung ein.

Diese Regelungen, die in Therapie und Schule eigentlich selbstverständlich sind, müßten natürlich auch bei der Überwachung von Hausaufgaben ihren Stellenwert finden. Ein sauberer Arbeitsplatz (ohne Speisereste in der Nähe); eine ruhige Lernatmosphäre (ohne Hundegebell, Kleingeschwistergeschrei, Kassettenrekordergedudel usw.); gut beleuchteter Arbeitsplatz; genaue Zeiteinplanung mit „Pausenglocke"; richtiges Gestühl und Schreibgerät (besonders für Linkshänder). Alles dies und noch vieles mehr müßte vor Erledigung der Hausarbeit mit eingeplant werden. Vielleicht ließe sich dadurch manches am Hausaufgabendrama verhindern.

Auch das Sauberhalten, Ausschmücken und Gestalten des Klassenraumes muß zuerst vorgeführt werden. Doch diese sogenannten Klassenordnerdienste *(richtiges* Tafelputzen, sorgfältige Blumenpflege, Wegräumen und Einsortieren von Arbeitsmaterialien usw.) werden von den Kindern – besonders von den Kleinen – liebend gern übernommen. Hier kann der Teamgeist wieder einmal besonders gefördert werden.

Ich habe in meinen Klassen z. B. diese Arbeiten pärchenweise (Junge und Mädchen) verrichten lassen. Beim Verlassen des Klassenraumes wurde das Gestühl *sorgfältig* hochgestellt. Nichts sollte auf dem Tisch, unter den Bänken oder auf dem Fußboden liegenbleiben. Wie stolz waren meine Kinder, wenn uns Eltern besuchten, wenn diese den Unterricht beobachten konnten, oder wenn bei Elternabenden „ihre" Klasse von den Erziehungsberechtigten bewundert wurde. Sie fiel auf durch viele Blumen, durch den Ordnungs- und Gestaltungssinn der Kinder, durch ihre farbenfrohen Zeichnungen, mit denen die Wände geschmückt waren. Dadurch hatte das Klassenzimmer meist einen *wohnlichen* Charakter.

Heute lege ich in der Therapie besonderen Wert darauf, daß die Räume, in denen die Kinder wieder „aufblühen" sollen, so viel wie möglich *Wohn*atmosphäre ausstrahlen. Diese Kinder mit Lernproblemen sollen zunächst so wenig wie möglich an eine Stätte (z. B. Schule) erinnert werden, die manchen schon Enttäuschungen brachte.

Auch für das Äußere, die Erscheinungsform „ihrer" Lehrkraft hatten meine Schulkinder ein genaues und prüfendes Auge und freuten sich, wenn ihre Lehrerin auch den anderen

Schülern und Schülerinnen gefiel. Wenn mich „meine" Kinder am Morgen vom Auto abholten und sich dabei zankten, wer meine Tasche halten durfte, dann hatten sie schon vorweg überlegt, *was* ich wohl heute wieder tragen würde: Ob Bekleidung, Schuhe, Haarspangen, Schmuck usw. „passen" würden. Sie gaben dann auch ihr kritsches Urteil ab, prüften die Qualität meiner Bekleidung, wollten wissen, ob ich „echten" oder Modeschmuck trug usw. Diese Beobachtungen trafen nicht nur die Mädchen, sondern auch die Jungen. Und umgekehrt verglich ich manchmal auch ihre Heftführung usw. mit ihrer Kleidung, mit ihrem Äußeren: „Du hast so ein nettes Kleid, Hemd, Bluse usw. an! Schau einmal, diese Heftseite paßt gar nicht dazu! Blätter doch einmal um (*immer Eigenvergleich!*) Da war es besser! Arbeite lieber nicht so schnell, sondern gründlich, und wenn noch Zeit ist, dann kannst du ja auch das Geschriebene mit einer Girlande, Schleife usw. beenden" (Schulung der Feinmotorik).

Kinder entwickeln in der Regel sehr früh ein ausgeprägtes Modebewußtsein – sowohl Mädchen als auch Jungen. In einem ersten Schuljahr war ein hübscher Junge, der stets sehr geschmackvoll gekleidet war. Eines Tages kam er sogar – mitten in der Woche – mit einem weißen Hemd und einer dazu passenden dunklen Fliege in die Klasse. Er sah wirklich allerliebst aus, und ich meinte anerkennend: „Du siehst heute besonders nett aus! Die dunkle Fliege paßt gut zu deinen dunklen Augen!" Stolz sah sich der Junge um, und die anderen Kinder betrachteten ihn zuerst nachdenklich, dann aber kopfnickend oder lautstark bejahend – doch in keiner Weise verächtlich oder neidisch. Am nächsten Tag, ich hielt fast den Atem an, kamen gleich mehrere meiner männlichen Erstkläßler stolz mit Hemd und Fliege bekleidet in die Schule. Nun ging ein fröhliches Gelächter los. Und als wir alle übereinstimmend feststellen konnten, daß die Mädchen ja auch nicht mit Kommunionkleidern, und ich nicht mit Abendgarderobe zum Unterricht kam, da trafen wir uns am nächsten Morgen „hübsch"-normal gekleidet wieder.

Nach diesem Einblick in kleine Unterrichtserlebnisse und

Lerngeschichten soll nun die letzte Therapiefalldarstellung Eltern zum entschlossenen Handeln ermutigen.

## 9. Fallbeispiel: „Hallo, Frau Soremba, hier ist mein Abiturzeugnis!" – Die BEDEUTUNG einer richtigen Schulempfehlung

### Was ist ein Legastheniker?

Strahlend steht der hübsche, schlanke hochgewachsene 19jährige junge Mann vor mir und streckt mir stolz sein Abiturzeugnis entgegen: Überhang in den naturwissenschaftlichen Fächern, Defizite in den sprachlichen Bereichen. Doch jetzt hat er sein Ziel erreicht *und* kann Tiermedizin studieren.

Zurückblickend sehe ich einen ganz anderen Jungen vor mir: Pickelig, dick, ungefälliges Äußeres, aggressives Verhalten gegen seine Umwelt, dabei unglücklich und suizidgefährdet, weil er als Leseversager zur Sonderschule für Lernbehinderte sollte. Er war mir von seiner völlig verzweifelten Mutter vorgestellt worden.

Im ersten Anamnesegespräch ließ ich sie erst einmal ihr „Herz auschütten" und das berichten, was sie belastete: „Im 5. Schwangerschaftsmonat hatte ich einen schweren Verkehrsunfall, durch den ich mehrere Monate im Krankenhaus lag. Könnte das doch meinem Kind geschadet haben? Die Ärzte haben es damals verneint. Mit dem Laufenlernen klappte es so einigermaßen. Doch mit drei Jahren konnte Georg immer noch nicht sprechen. Er zeigte nur auf das, was er haben wollte. Einmal war es im Hochsommer furchtbar heiß. Georg hatte großen Durst, doch er *zeigte* nur auf eine Flasche, die auf dem Kühlschrank stand. Die nahm ich dann kurzerhand weg, stellte sie ganz hoch auf einen Schrank und schimpfte: ‚Wenn du mir nicht sagst, was du willst, dann mußt du eben zusehen!' Wütend ging ich in einen Nebenraum. Als ich wiederkam, stockte mir fast der Atem. Georg hatte sich inwischen waghalsig drei Stühle übereinandergestapelt, um das begehrte Getränk zu bekommen. Lieber wäre er abgestürzt, doch sprechen wollte er immer noch nicht."

(Bei dem intelligenten Kind war also das Sprachverständnis schon längst voll entwickelt, doch die Sprachproduktion noch entschieden verzögert.)

Die Mutter berichtete weiter: „Als er kurze Zeit danach in den Kindergarten kam, konnte er vierzehn Tage später problemlos sprechen. Dort gab es auch sonst keine Schwierigkeiten. Bei der Einschulungsuntersuchung stellte der Amtsarzt eine grobmotorische Verzögerung fest, doch unser Georg wurde nicht zurückgestellt.

Wir Eltern bemerkten sehr schnell, daß Georg in der Schule im Lesen und Schreiben nicht recht mitkam. Er benötigte viel Zeit und viel Einzelhilfe. Ach, es gab viel Tränen dabei, bei Georg und bei mir! Und Georg konnte oft nachts nicht schlafen. Doch alle Lehrpersonen vertrösteten uns nur: Es wird schon noch kommen! Und als er am Ende der 3. Klasse immer noch nicht lesen konnte, da wollte er von einer Brücke in den Fluß springen. „Mich hat doch niemand lieb! Ich kann immer noch nicht lesen!" Aufmerksame Passanten hatten uns das weinende Kind nach Hause gebracht. Jetzt war für uns Eltern die höchste Alarmstufe gegeben, um unserem Kind in seiner Seelennot zu helfen. Wir besprachen den Fall unseres Sohnes mit einem Kinderarzt. Der äußerte den Verdacht, daß hier eine Legasthenie vorliegen könnte und empfahl eine weitere spezielle Untersuchung in einer Kinder- und Jugendpsychiatrie."

Die Mutter übergab mir schriftliche Unterlagen und las mir das Untersuchungsergebnis vor: „Bei Georg besteht mit Sicherheit das Erscheinungsbild einer ausgeprägten isolierten Lese-Rechtschreibschwäche, welche einer Teilleistungsschwäche gleichkommt und unabhängig von den möglichen Ursachen der Entstehung nunmehr zu Ausfällen führt, die im regulären Schulunterricht kaum angemessen aufgearbeitet werden können".

Empört berichtete sie weiter: „Obwohl wir auch der Schule diesen Befund vorgelegt haben, erhielten wir als ‚Hilfen‘:

Achselzucken, Ablehnung oder als ‚Schulempfehlung' eine Abschiebung in die Sonderschule. Mit dieser Schule haben wir nicht mehr gesprochen, sondern uns an den Bundesverband Legasthenie in Hannover gewandt. Von dort haben wir Ihre Adresse erhalten. Bitte helfen Sie uns weiter!"

Der Junge hatte während dieser Erstbesprechung die ganze Zeit daneben gesessen (ich hatte diesmal – entgegen der sonstigen Regelung – seinen und den Wunsch der Mutter respektiert). Georg gab sich gelangweilt und teilnahmslos. Ein Jammerbild an Unglücklichsein: Blaß, übergewichtig, mit abgebissenen Fingernägeln und hängenden Schultern. Als ich ihn nun mit liebevollen Worten zur Förderuntersuchung in den Nebenraum aufforderte, da bäumte er sich auf und meinte trotzig: „Du brauchst bei mir nichts zu versuchen. Ich kann doch gar nichts." Sein Fähigkeitsbild war also total gestört durch die jahrelangen Mißerfolge in der Schule. Wahrscheinlich war er auch „untersuchungsmüde". Nun hatte er sich eine andere Überlebensstrategie zurechtgelegt. Er stellte sich im vorhinein gleich darauf ein, daß er nichts konnte und teilte dies sofort jedem neuen „Prüfer" mit. Ich blieb ganz ruhig, blinzelte beruhigend, doch heimlich, der erschrocken aufschauenden Mutter zu und meinte: „Es reicht mir ja auch, was du heute konntest." Er horchte auf, als hätte er nicht richtig gehört. „Was ich *konnte*?" „Na, du hast doch unseren großen Hund ganz lieb gestreichelt. Das trauen sich nicht alle Kinder zu, nicht einmal alle Erwachsenen." Er stutzte. „Aber da ist doch überhaupt nichts dabei." Und nach einem kurzen Überlegen, ob das überhaupt bemerkenswert sei, meinte er: „Ich reite doch auf Pferden?" (Das hatte mir seine Mutter bis dahin noch nicht erzählt). „Das ist ja toll!" Das kann *ich* z. B. nicht. Ich mag ja nicht einmal an Pferde herangehen, schon gar nicht, um sie zu steicheln. Da habe ich Angst."

„Angst vor Pferden? Gibt es das?" Kopfschüttelnd – vielleicht auch mitleidig – betrachtete er mich. Vielleicht dachte er auch: Eine Therapeutin, die Angst hat vor Pferden? Na, so etwas!

Ich war damals sehr glücklich: Meine Schwäche und seine Stärke! Da gab es eine Verbindung, da konnte ich ansetzen (anderen Kindern erzähle ich z. B., daß ich seit einem Autounfall nicht mehr selbst Auto fahre). In der Schule hatte ich allen Schülern in allen Schulklassen meine Schwäche im Umgang mit technischen Geräten eingestanden. Wenn so eine „Bedienung" wieder einmal nötig war, dann schrie schon der Chor im vorhinein: „Laß bloß die Finger davon, Frau Soremba! Das kann unser X (meist meinten sie dabei einen Legastheniker) doch viel besser als du!"

Ich verabschiedete Mutter und Sohn: „Bis nächste Woche, Georg!" Bei ihr ein Aufatmen, bei ihm (wieder) ein Schulterzucken der Gleichgültigkeit. Mit der Mutter telefonierte ich anschließend heimlich. Wir haben in der Folgezeit viele gute Gespräche führen können: „Bitte, lassen Sie Ihren Jungen in der nächsten Zeit völlig mit seinen Schulproblemen in Ruhe und sagen Sie das auch Ihrem Mann. Haben Sie Vertrauen zu mir und in meine Arbeit. Ich will es mit Ihrem Kind versuchen. Doch brauche ich dazu Zeit und Geduld."

Die erleichterte Mutter hielt ihr damaliges Versprechen auch konsequent ein. Eine enge Mutter-Kind-Beziehung baute sich wieder auf im gemeinsamen Umgang mit Pferden. Die Mutter war selbst Reiterin, doch Georg konnte größere Erfolge beim Reiten (bei Turnieren) erzielen. Dort war er nicht nur sehr zielstrebig, sondern besonders liebevoll im Umgang mit Pferden.

Als er wirklich zur ersten Sitzung erschien, da war er schon wieder sehr mißtrauisch. Ich erkannte förmlich die Angst in seinen Augen, wieder ein Versagen ertragen zu müssen. Doch dazu kam es nicht – weder diesmal, noch später. Selbstverständlich gab es auch bei ihm – wie bei allen Lernenden – kleinere oder größere Erfolge und Rückschläge. Doch er konnte diese selbst erkennen, sie selbst errechnen (er war ein hervorragender Mathematiker) und auch das Leistungstempo mitbestimmen.

Im Anfang benötigte ich noch viel Geduld mit ihm bzw. beim Warten auf seine kleinsten Lernerfolge. Doch allmählich kam es zu einem Ansteigen seiner schulischen Leistungen – selbst im Deutschbereich, auch wenn diese langsam, bescheiden und inkonsequent waren. Rein äußerlich trat ebenfalls eine sichtbare Veränderung bei dem Jungen ein: Das Übergewicht, die Pickel waren verschwunden. Ein schlanker, hochgewachsener Junge mit frischer Gesichtsfarbe, strahlenden Augen und fröhlichem Lächeln betrat nun die Therapieräume. Er war nicht nur arbeitswillig, sondern auch gesprächsbereit geworden und berichtete besonders gern von seinen sonntäglichen Reiterlebnissen.

Die Sonderschule war längst nicht mehr im Gespräch.

Nach der Grundschule konnte er mit Empfehlung der Orientierungsstufe die Realschule besuchen.

Doch hier galt es erneut, Rückschläge aufzufangen und Georg wieder zu stabilisieren. Der Wegfall des „Notenschutzes" in dieser Schulstufe war für ihn besonders deutlich spürbar. Das „Diktat der Leistung" brachte nochmals niederschmetternde Zensuren. Die erfreulichen persönlichen Verbesserungen im Rechtschreiben wurden nicht benannt, sondern seine Leistungen am Klassendurchschnitt gemessen. Wieder kam Scham und Kränkung bei Georg auf, wenn durch einige schriftliche Zensurenzusätze unter dem Diktat sein Fleiß oder sein Zusatzüben angezweifelt wurde. Natürlich zählte man auch bei ihm traditionsgemäß am Ende der Diktate die Fehler (und nicht die richtig geschriebenen Wörter). Es wurde knallrot zwischen den einzelnen Seiten korrigiert, so daß kaum noch seine eigene krakelige Schrift (er litt an einer schweren feinmotorischen Störung) zu erkennen war. Meist gab es noch eine besondere Zugabe: Abschrift! (dieses „Blutbades").

Nach solch enttäuschenden Ereignissen mußte ich oftmals nicht nur den Jungen und seine Mutter, sondern auch mich trösten und beruhigen: „Das kann nur Gedankenlosigkeit oder ein Nichtwissen um die Problematik dieses Kindes sein, wenn ein Noch-nicht-Vermögen so optisch eindringlich abstoßend sichtbar hervorgehoben wird.

Die Mutter und ich haben in dieser Zeit wiederholt (leider

erfolglose) Gespräche mit Lehrpersonen geführt. Antworten wie: Es gäbe keine Legasthenie in Niedersachsen oder einen pädagogischen Ermessensspielraum kenne man nicht, brachten besonders die Mutter zur Verzweiflung.

Trotz der erfreulichen Ausgleichsleistungen in den nicht-sprachlichen Fächern war Georgs Schulziel – der Weg zum Abitur – schon stark gefährdet. Bis er endlich am Ende der Realschulzeit eine Deutschlehrerin bekam, die sich nicht nur mit dem Problemfeld Legasthenie auseinandergesetzt hatte, sondern sich auch von mir den „besonderen Fall" genau beschreiben ließ. Sie verstand es, diesen Schüler mit seinen Schwierigkeiten im Fach Deutsch nicht nur aufzurichten, sondern ihm im Unterricht Wege zu nennen, bei denen es ihm möglich war, mit Fleiß und Zielstrebigkeit Stofflücken aufzuholen. Sie zeigte ihm seine mündlichen Stärken im Deutschbereich, so daß auch sein Selbstbewußtsein nicht wieder absinken mußte.

Er verließ mit vollem Zensurenausgleich die Realschule mit dem Sekundarabschluß I und besuchte anschließend das Gymnasium.

Noch einmal begegnete Georg einem Deutschlehrer, der zwar hohe Anforderungen im Deutschunterricht an alle Schüler stellte, mir aber telefonisch zubilligte, daß dieser Junge fleißig sei, große Begabungen habe und entsprechenden Ausgleich in anderen Fächern bringe.

Während der Jahre auf dem Gymnasium war ich noch ab und zu, wenn es „brannte", die Ansprechpartnerin dieses Jungen. Georg bestand schließlich ohne sonderliche Probleme sein Abitur auf einem technischen Gymnasium. In einem Abschluß- oder Dankbericht an mich schrieb der Vater unter anderem: „...Hätten wir uns seinerzeit dem Willen der Schule unterworfen, dann wären viele in unserem Sohn vorhanden gewesenen Fähigkeiten nicht geweckt und gefördert worden...."

Dem ehemaligen Totalversager bzw. Totalverweigerer stand zu seinem Berufsziel Tierarzt – über eine akademische Laufbahn – nichts mehr im Wege.

Mit Sicherheit war die Übergabe des Reifezeugnisses ein ganz besonderer Tag für Georg und seine Familie. Doch auch für seine Therapeutin war es ein unwahrscheinliches Glücksgefühl zu erfahren, daß wieder einmal eines ihrer „Vizekinder" sein Schulziel erreichen konnte.

Bei diesem Schüler – mit seiner Bündelung an Teilleistungsstörungen – ging es darum, ihm bei seiner schweren Lese-Rechtschreibproblematik zu helfen, weitere Folgeschäden zu verhindern und für ihn die richtige Schulzuweisung zu finden.

So konnte er schließlich ein Schulziel erreichen, das seinen Begabungen, Fähigkeiten und intellektuellen Möglichkeiten entsprach.

In einer Sonderschule für Lernbehinderte wäre er mit Sicherheit unterfordert gewesen.

Für andere Kinder dagegen, mit einer echten langandauernden Mehrfachbehinderung, mit einem Leistungsversagen in allen Lernfächern bedeutet die Unterrichtung in diesen Sonderschulen (Förderzentren für Kinder mit Sonderpädagogischem Förderbedarf) eine entscheidende Lebenshilfe. Sie benötigen eine spezielle Förderung in allen Bereichen, auf der Anforderungsebene, die ihrem Leistungsstand entspricht. Von besonders ausgebildeten Fachkräften wird von diesen Lehrpersonen bei den betroffenen Kindern z. T. aufopferungsvolle Arbeit geleistet (vgl. „Lernbehinderung" und „Schwere Entwicklungsverzögerung als Lernbremse", Ayres 1984, Flehming 1983, Eimecke 1992).

Ein Grundsatz gilt für alle Kinder: Nicht das Abitur braucht das Endziel zu sein, sondern eine *abgeschlossene* Schullaufbahn, die den geistigen Fähigkeiten und Begabungen des einzelnen Kindes entspricht.

Mit vielen guten Wünschen habe ich mich von Georg verabschiedet und einen Appell an ihn gerichtet, den ich hier auch an andere Schulabgänger weitergeben möchte: „Bleibt auch in Zukunft zielstrebig und selbstbewußt auf eurem neuen Lebensweg! Setzt voraus, daß euch die Eltern nicht mehr verstärkt helfen können! Rechnet damit, daß ihr in einen Berufskampf treten müßt! Gebt nicht auf, auch wenn ein Chef euch einmal abweisen will, z. B. mit folgender Bemerkung: ‚Ich nehme doch keinen Legastheniker!' Denn die Öffentlichkeit ist zu wenig über die Bedeutung von Legasthenie aufgeklärt. In einem solchen Fall haltet euch das Beispiel eines selbstbewußten Legasthenikers vor Augen, der sein Berufsziel durch eigenes entschlossenes Handeln erreichen konnte."

Nach seinem Abitur wollte der junge Mann nun eine qualifizierte Berufslaufbahn einschlagen und bewarb sich dazu um eine entsprechende Ausbildungsstelle.

Seine Bewerbungsunterlagen erhielt er zurück, vom Chef persönlich abgewiesen, mit dem Vermerk ‚Wegen der vielen Rechtschreibfehler abgelehnt'. Aber der Betroffene gab nicht auf. Er klemmte sich das Bündel seiner Unterlagen unter den Arm und fuhr direkt zu dem großen Betrieb. Dort verlangte er ausschließlich nach dem Chef. Keinen anderen wollte er sprechen. Und er wartete beharrlich, bis er vorgelassen wurde. Vielleicht hatten Ausdauer, Zielstrebigkeit und sicheres Auftreten dieses Bewerbers den Chef überzeugt oder zumindest stark beeindruckt. Denn er nahm sich – wider aller Erwarten – viel Zeit für ein Gespräch mit dem jungen Mann. Danach gab es gleich drei Chancen:

1. Der Bewerber bekam seinen Ausbildungsplatz; 2. Der Betrieb gewann einen Legastheniker; 3. Der Chef erhielt eine „Lehre":

*Er wußte nun, was ein Legastheniker ist: Ein wertvoller Mensch.*

# 7 Schluß und Ausblick

Auch mit diesem letzten Fallbeispiel wollte ich die ganze Bandbreite von LRS-Problematik vor Augen führen und einen Einblick in außerschulische Therapie vermitteln.

Die Arbeit mit lerngeschwächten und lernmüden Kindern verlangt neben verständnisvoller Liebe für sie auch viel Geduld und Langmut bei der Behandlung.

Erfolgreiche Lerntherapie bedingt nicht nur persönlichen Einsatz, sondern auch Zusammenarbeit mit anderen Fachdisziplinen.

Es ist notwendig, sich nicht nur Therapieerfolge von den betroffenen Eltern bestätigen zu lassen und seine eigene Arbeit zu überprüfen, sondern auch seine Ergebnisse den Kontrolluntersuchungen von Ärzten, Kinder- und Jugendpsychiatrien, Sprach- und Hörzentren, psychologischen Einrichtungen, Kranken- und Bewegungstherapeuten und sonstigen Facheinrichtungen gegenüberzustellen.

Eigenkontrolle und Weiterbildung sind auch Bestandteil von Lerntherapie. Nur in dieser Gesamtbetrachtung können *zugleich* multikausale Zusammenhänge aufgedeckt und aufgeklärt werden: Denn hinter legasthenischen Problemen stecken weder Dummheit noch Faulheit!

Doch es zeichnet sich ein Ausblick ab, ein Umbruch ist zu erkennen. „Schule muß humaner, muß den heutigen Kindern gerecht werden". Dieser Schrei von außen ist auch nach innen gedrungen, dank des besonderen Einsatzes der ‚Aktion Humane Schule'! (vgl. Verbände und Selbsthilfegruppen). Ein Umdenken – weitgehend vom Grundschulbereich aus zu erkennen – zeichnet sich in der Lehrerschaft ab. Fortbildungsveranstaltungen zum Thema Anfangsunterricht finden besonderes Interesse. Auf die Bedeutung des Erstlehrers/der Erstlehrerin wird vermehrt hingewiesen. Weitgehend mehr wird auf starren Unterricht zugunsten offener Unterrichtsformen mit gleitenden Anfangsphasen und aufgelöstem 45-Minuten-Takt verzichtet. Viele positive Ansätze, in denen Fördern zum Unterrichtsprinzip und nicht mehr zum selektiven Ausgrenzen wird, sind zu erkennen.

Doch die Unterstützung eines Kollegiums ist auch weiterhin als Hilfe für die Lehrkräfte notwendig, die sich über das 4. Schuljahr hinaus – mit einem nur geringen pädagogischen Ermessensspielraum – bemühen, jedem einzelnen betroffenen Kind individuell zu helfen.

Die Fortbildungsveranstaltungen des Fachverbandes für Integrative Lerntherapie und die wissenschaftlichen Kongresse des Bundesverbandes Legasthenie haben einen immer größer werdenden Zulauf – gerade von Lehrern – gefunden.

Auf interdisziplinärer Ebene ist der Kreis derjenigen, die an der Lösung der LRS-Problematik mitarbeiten, zusehends größer geworden. Eine Schlüsselrolle nehmen dabei die Ärzte ein. Durch Vorsorgeuntersuchungen – wie z. B. durch die U 9 (sie untersucht bei Vorschulkindern u. a. die Sprache, das räumliche Sehen, die Motorik und das Verhalten) werden vermehrt fehlende Fähigkeiten des Kindes aufgedeckt und Frühförderungsmaßnahmen noch *vor* Schuleintritt eingeleitet. Fehlende Basisgrundlagen werden u. a. auch durch Überprüfungen nach Breuer/Weuffen erkannt (1990).

Doch jahrelange Pionierarbeit, eine Aufklärungskampagne zur LRS-Problematik hat sich gelohnt – darunter auch die zwanzigjährigen Bemühungen des Bundesverbandes Legasthenie.

Jedes Kind hat ein Recht auf Lesen und Schreiben!

Ein Schulkind, das mit Lese- und Schreibkenntnissen die Schule verläßt, ist dadurch gut auf seinem Lebensweg gerüstet. Dagegen steht jeder Schulabgänger, der noch nicht lesen und schreiben kann, in einem schweren Lebenskampf. Denn die heutige Gesellschaft setzt Lesen-Schreiben-Können als Selbstverständlichkeit voraus.

In meinen Bemühungen, Kindern mit Lese-Rechtschreibproblemen zu helfen, stand nicht die Frage im Vordergrund: Ist dies auch wirklich ein Legastheniker?

Lesenkönnen ist Lebenshilfe für jedes Kind und für jeden Erwachsenen. *Das* war der Grundgedanke meiner Bemühungen.

Und so bin ich in den vielen Jahren – in Schule und Therapie – im Rahmen meiner legastheniediagnostischen Überprüfungen Kindern begegnet, bei denen Intelligenzüberprüfungen nur untere Werte erbrachten.

*Auch diese Kinder hatten ein Anrecht auf Lesen und Schreiben!*

Und es gab eine Vielzahl von Fällen, bei denen ich SchülerInnen in Legastheniegutachten eine mindest durchschnittliche Intelligenz bescheinigen konnte.

*Auch diese Kinder hatten ein Anrecht auf Lesen und Schreiben!*

Und es gab wenige Fälle, bei denen die Skalen der Tests in der Intelligenzmessung nicht mehr ausreichten – sie also als Hochbegabte zu bezeichnen waren.

*Auch diese Kinder hatten ein Anrecht auf Lesen und Schreiben!*

Und daß ich Analphabeten helfen konnte, sie aus ihrer privaten und beruflichen Isolation herauszuführen, das war – auch für mich – ein beglückendes Erlebnis.

*Denn zum Helfen ist es nie zu spät!*

Das Buch soll bei meiner Lebensaufgabe mitwirken, Kindern, Jugendlichen und Erwachsenen mit LRS-Problemen zu helfen. Die Not der Betroffenen ist groß, und sie brauchen Hilfe von allen Seiten.

Durch dieses Buch sollen Verantwortliche auch weiterhin wachgerüttelt und gefordert werden.

Der Appell richtet sich auch an die Adressen der Wissenschafts- und Kultusminister.

Das Wissen um das Phänomen Legasthenie muß an *alle* Pädagogen gelangen!

Dazu ist notwendig, daß neueste wissenschaftliche Erkenntnisse und praktische Umsetzungsmöglichkeiten in das Lehrerstudium und in die Lehrerfortbildung einfließen!

Ein Bildungsmonopol beinhaltet auch eine Fürsorgepflicht!

Es kann nicht länger angehen, daß eine Vielzahl junger Menschen die Schule verlassen muß, ohne ausreichend lesen und schreiben erlernt zu haben!

Diesen Menschen geht dadurch eine Bildungsgrundlage für einen angemessenen Beruf und die Teilnahme an einem menschenwürdigen Leben in unserer Gesellschaft verloren. Denken wir doch nur an das Millionenheer von Analphabeten!

An Lehrereinsparungen ist gedacht? Dies würde auch zu Lasten unserer Kinder gehen.

Kinder besitzen zwar keine Lobby – lese-rechtschreibschwache schon gar nicht – doch sie sind das Beste, was wir haben! Geben wir ihnen neue Zukunftsperspektiven!

Es darf kein Schulkind an seinem jungen Leben verzweifeln, nur weil es beim Lesen und Schreiben fehlgestartet ist!

Legasthenie darf und muß kein Schicksal sein!

# Literatur

Angermaier, M., Sprache und Konzentration. Verlag für Psychologie, Hogrefe, Göttingen 1974.

Angermaier, M., Psycholinguistischer Entwicklungstest (PET). Deutsche Bearbeitung des Illinois Test of Psycholinguistic Abilities von Kirk, A., Mc Carthy, J. J., Beltz-Verlag, Weinheim 1974.

Atzesberger, M., Minimale cerebrale Dysfunktion als psychologisch-pädagogisches Problem. In: Bayerische Schule, 11, 1988, 15–19.

Atzesberger, M., Legasthenie und Dyskalkulie. Die Bundesarbeitsgemeinschaft Hilfe für Behinderte, Düsseldorf 1990.

Ayres, A. J., Bausteine der kindlichen Entwicklung. Springer-Verlag, Berlin-Heidelberg- New-York-Tokyo 1984.

Beidick, U., Lesen und Lesenlernen unter erschwerten Bedingungen. Neue Deutsche Schule Verlagsgesellschaft mbH, Essen 1972.

Böker, E., Krause, G., & Oberländer, H., Der okuläre Belastungstest. Zeitschrift für praktische Augenheilkunde 14, 447–451, 1993.

Boßmann, D., Die verdammten Hausaufgaben. Verlag Fischer, Frankfurt 1979.

Breuer, H. & Weuffen, M., Gut vorbereitet auf das Lesen- und Schreibenlernen. Deutscher Verlag der Wissenschaft, Berlin 1990.

Breuer, H. & Weuffen, M., Besondere Entwicklungsauffälligkeiten bei Fünf- bis Achtjährigen. Volk und Wissen, Berlin 1988).

Breuninger, H. & Bärhold, D., Warum muß Schule überweisen – wohin kann Schule überweisen. In: Legasthenie – Bericht über den Europäischen Fachkongreß 1990, Aachen. Bundesverband Legasthenie e.V. (Hrsg.) 1990/91.

Breuninger, H. & Betz, D., Jedes Kind kann schreiben lernen. Beltz-Verlag (Grüne Reihe), Weinheim-Basel 1987.

Breuninger, H. & Betz, D., Teufelskreis Lernstörungen. Psychologie Verlagsunion, München-Weinheim 1987.

Bruker, M. O., Krankheiten durch Fabrikzucker. Lahnstein, E. M. U. Verlag 1987.

Brügelmann, H., Kinder auf dem Weg zur Schrift. Faude-Verlag, Konstanz 1986.

Bundesverband Legasthenie, Legasthenie – Definition mit Erläuterungen. Wissenschaftlicher Beirat des Bundesverbandes Legasthenie, Hannover 1987.

Bundesverband Legasthenie, Legasthenie – Schulische und außerschulische Förderung, Hannover 1991.

Bundesverband Legasthenie, Legasthenieprobleme im Fremdsprachenunterricht, Hannover 1992.

Bundesverband Legasthenie, Unser Kind lernt lesen – lernt es lesen? Hannover 1987.

Defersdorf, R., Drück mich mal ganz fest. Geschichte und Therapie eines wahrnehmungsgestörten Kindes. Verlag Herder, Freiburg i. Br. 1991.

Defersdorf, R., Ach so geht das. Wie Eltern Lernstörungen begegnen können. Verlag Herder, Freiburg i. Br. 1993.

Dehn, M., Zeit für die Schrift. Kamp-Verlag, Bochum 1988.

Dennison, P. E., Befreite Bahnen. Verlag für Angewandte Kinesiologie, Freiburg i. Br. 1984.

Doman, G., Wie kleine Kinder Lesen lernen. Hyperion Verlag, Freiburg i. Br. 1967.

Dummer, L., Teilleistungsschwächen als Ursache von Lese-Rechtschreibschwierigkeiten. In: Dummer, L., Atzesberger, M., Legasthenie – Bericht über den Fachkongreß 1980. Bundesverband Legasthenie e.V. (Hrsg.), Hannover 1980/81.

Dummer-Smoch, L., Diagnostik der Legasthenie in der Schulklasse, Bad Heilbronn 1977.

Dummer-Smoch, L., Lautgebärden als Leselernhilfen – theoretische Grundlagen. In: Dummer, L., Legasthenie – Bericht über den Fachkongreß 1982. Bundesverband Legasthenie e.V. (Hrsg.), Hannover 1983.

Dummer-Smoch, L. & Hackethal, R., Kieler Leseaufbau. Handbuch und Übungsmaterial. Veris-Verlag, Kiel 1988.

Ebel, V., Legasthenie – Ursachen, Diagnose, Behandlung, rechtliche und gesellschaftliche Problematik. Bericht über den Fachkongreß des Bundesverbandes Legasthenie in der Erziehungswissenschaftlichen Hochschule Rheinland-Pfalz/Abteilung Koblenz vom 25. März bis 28. März 1976. Rudolf Schunk, Bad Königshofen 1976/77.

Eimecke, H., „Die Lese-Rechtschreibschwäche aus der Sicht des Kinderarztes". In: Der Kinderarzt, 23. Jg., Nr. 9, 1992.

Eichlseder, W., Die Behandlung des hyperkinetischen Kindes. In: Der Kinderarzt, Nr. 10, 1987.

Firnhaber, M., Legasthenie – Wie Eltern helfen können. Frankfurt a. M. 1983.

Flehming, I., Normale Entwicklung des Säuglings und ihre Abweichungen. Verlag Thieme, Stuttgart-Heidelberg 1983.

Frostig, M., Bewegungserziehung. Neue Wege der Heilpädagogik. Ernst Reinhardt Verlag, München-Basel 1992.

Gensch, B., Wedel, A.: Sozialrechtsfragen bei Legasthenie. In: Dummer, L., Legasthenie – Bericht über den Fachkongreß 1986, Hannover 1987, 343–346.

Gerster, H.-D., Schülerfehler bei schriftlichen Rechenverfahren – Diagnose und Therapie. Verlag Herder, Freiburg i. Br. 1982.

Grissemann, H., Legasthenie und Rechenleistungen. Huber Verlag, Bonn-Stuttgart-Wien 1973.

Grissemann, H., Legasthenie und Rechenleistungen, Bern 1974.

Hackler, J., Dyskalkulie – eine verkannte Schwäche. In: Der Kinderarzt, Nr. 8, 1125–1128, 1989.

Hackler, J., Lust am Lernen? In: Der Kinderarzt, Nr. 8, 1323–1327, 1992.

Heermann, M., Schreibbewegungstherapie und Schreibbewegungstest. Ernst Reinhardt Verlag, München-Basel 1985.

Heinbokel, A., Hochbegabte. Nomos Verlagsgesellschaft, Baden-Baden 1988.

Held, F., Legasthenie-Fibel für Ärzte. Institut für Kinder- und Jugendpsychiatrie, Stuttgart 1977.

Hoffmann, H., Das hyperaktive Kind in der Schule. Schulzeitung Nautilus, Kiel- Mettenhof 8, 27f, 1989.

Hohenwald, G., Die Regeln der deutschen Rechtschreibung. Verlag Lehren und Lernen, Büchen 1976.

Husen, B. van, Die Legasthenie aus medizinischer Sicht. In: Dummer, L., Legasthenie – Bericht über den Fachkongreß 1982. Bundesverband Legasthenie e.V. (Hrsg.), Hannover 1983.

Internationale Frostig-Gesellschaft, Graphomotorische Störungen und Rechenschwäche (Jahrestagung 1988), Borgmann, verlag modernes lernen, Dortmund 1989.

Jörgensen, G., Legasthenie aus der Sicht der Genetik. In: Dummer, L., Legasthenie – Bericht über den Fachkongreß 1982. Bundesverband Legasthenie e.V. (Hrsg.), Hannover 1983.

Jörgensen, G., Legasthenie – Definition, Häufigkeit und Ätiologie. In: Münch. med. Wschr. 122 (1980), 1547.

Jörgensen, G., Schreiber, H., Legasthenie – Phantom oder Wirklichkeit? In: Krankenpflegejournal 19 (1981), 18. Niedersächsiche Ärzteblatt 241 (1982). Der Augenarzt 16 (1982), 298.

Kiphard, E. J., Psychomotorik als Prävention und Rehabilitation. Flöttmann Verlag, Gütersloh 1979.

Klasen, E., Das Syndrom der Legasthenie. Bern und Stuttgart 1970.

Klasen, E., Die Förderung lern- und leistungsgestörter Menschen in den USA. In: Dummer, L., Atzesberger, M., Legasthenie – Bericht über den Fachkongreß 1980. Bundesverband Legasthenie e.V. (Hrsg.). Reha-Verlag 1981.

Klein, J., Lerntherapie und Kooperation mit Eltern und Schule. In: Zeitschrift ‚Sprachrohr'. Fachverband für integrative Lerntherapie e.V., Nr. 10, Dezember 1993.

Klüfers-Berger, C., Legasthenie im internationalen Vergleich. In: Dummer, L., Legasthenie – Bericht über den Fachkongreß 1986. Bundesverband Legasthenie e.V. (Hrsg.), Hannover 1987.

Kluge, G., Beobachtungen an sprachgestörten Kindern im Hinblick auf die Lese- Rechtschreibschwäche (LRS). Zeitschrift für Heilpädagogik 18. 1967, 264–267.

Krüll, K. E., Aus Fehlern lernen – Ein Beitrag zur Dyskalkulietherapie. In: Sprachrohr 04/91, 1991.

Lindner, M., Über die Legasthenie (spezielle Leseschwäche). In: Praxis der Kinderpsychologie, 18, 1951.

Lindner, M., Lesestörungen bei normalbegabten Kindern, Zürich 1962.

Lohmann, B., Müssen Legastheniker Schulversager sein? Ernst Reinhardt Verlag, München 1982.

Martinius, J. Legasthenie: Neuere Aspekte der Forschung und ihre Anwendung in der Therapie. In: Deutsches Ärzteblatt, Ausgabe B, 81. Jahrgang, Heft 41, 1984, Oktober (51).

Matheja, M., Förderdiagnostik: Sichtungsverfahren und informelle Methoden zur Einschätzung der Lese-, Schreib- und Rechtschreibentwicklung. In: Niemeyer, W. (Hrsg.), Kommunikation und Lese-Rechtschreibschwäche, Verlag Dr. Dieter Winkler, Bochum 1994.

Meister Vitale, B. Lernen kann phantastisch sein – Kinderleichtes Lernen durch optimalen Einsatz beider Gehirnhälften. GABAL Verlag, Bremen 1993.

Morawietz, H., „Verbale Agression in der Schule". In: Päd. Welt, Heft 3, 107–111, 1994.

Müller, R., Rechtschreibung und Fehleranalyse. In: Schule und Psychologie 12, 1965, 161–173.

Niedersächsisches Kultusministerium (Hrsg.), Lesen ist mehr. Hannover 1991.

Niemeyer, W., „Bremer Hilfen". Herbig Verlag, Bremen 1978.

Niemeyer, W., (Hrsg.), Kommunikation und Lese-Rechtschreibschwäche, Verlag Dr. Dieter Winkler, Bochum 1994.

Notdorf, G., „Heilen mit Musik". In: Zeitschrift Sprachrohr. Fachverband für integrative Lerntherapie e.V. (Hrsg.) Dezember 1993.

Oberländer, H., Zum Thema Sehstörungen. LRS-Zeitschrift des Bundesverbandes Legasthenie e.V., Nr. 3, 35 f, 1988.

Paulsen, I., Legasthenieprobleme im Fremdsprachenunterricht. In: Dummer, L., Legasthenie – Bericht über den Fachkongreß 1986. Bundesverband Legasthenie e.V. (Hrsg.), Hannover 1987.

Pelikan-Verlag, Praxis des Schreibenlernens. Ratgeber für Lehrer. Ratgeber zum Schulanfang, Tips und Ratschläge für Eltern. Pelikan-Verlag, Hannover 1993/94.

Pleger, J., Besser mit verhaltensauffälligen Legasthenikern umgehen. In: Legasthenie – Bericht über den Europäischen Fachkongreß 1990, Aachen. Bundesverband Legasthenie e.V. (Hrsg.) 1990/91.

Ranschburg, P., Die Leseschwäche (Legasthenie) und Rechenschwäche (Arithmasthenie) der Schulkinder im Lichte des Experiments. Berlin 1916.

Reginhed, U., Liebe sollte man mit drei ‚i' schreiben. Fities-Verlag, Ehlscheid 1977.

Reuter-Liehr, C., Lauttreue Rechtschreibung. Verlag Dr. Dieter Winkler, Bochum 1992.

Rosemann, H., Kinder im Schulstreß. Die Krankheit, die Schule heißt. Verlag Fischer, Frankfurt a. M. 1978.

Rosival, V., Hyperaktivität natürlich behandeln. Verlag Gräfe & Unzer, München 1993.

Scheerer-Neumann, G., Ein Entwicklungsmodell zur Analyse der Rechtschreibschwäche. In: Dummer, L., Legasthenie – Bericht über den Fachkongreß 1986. Bundesverband Legasthenie e.V. (Hrsg.), Hannover 1987.

Schenk-Danzinger, L., Legasthenie. Zerebral-funktionelle Interpretation. Diagnose und Therapie. Ernst Reinhardt Verlag, München-Basel 1984.

Schenk-Danzinger, L., Ist die Legasthenie wirklich ein Milieuproblem? In: Schwartz, E. (Hrsg.) Legasthenie – ein pädagogisches Problem, Bd. 8. Arbeitskreis Grundschule e.V.. Frankfurt 1973.

Schenk-Danzinger, L., Legasthenie und Linkshänder. Jugend & Volk-Schulbuchverlag, Wien 1979.

Schiffer, E., Warum ‚Huckelberry Finn' nicht süchtig wurde. Anstiftung gegen Sucht und Selbstzerstörung bei Kindern und Jugendlichen. Quadriga-Verlag, Weinheim 1994.

Schimmöller, V., „Zeit, Zwang, Zärtlichkeit". Akzente Nr. 2, 1992.

Schlee, J., Legasthenieforschung am Ende? Urban & Schwarzenberg, Berlin 1976.

Schubi-Lehrmittel, Gesamtkatalog. Schubi-Lehrmittel GmbH, Gottmadingen 1994.

Schwark, R., Eltern sprechen mit Lehrern. Modell eines Arbeitskreises an der Schule (Gymnasium). In: Dummer, L., Legasthenie – Bericht über den Fachkongreß 1984. Bundesverband Legasthenie e.V. (Hrsg.), Hannover 1984/85.

Sommer, E., Diktat: Note 6. Klett EXTRA für Eltern, 1972.

Soremba, E.-M., Früherkennen und Frühbehandeln von unzureichenden Leselernvoraussetzungen im Anfangsunterricht. In: Dummer, L., Legasthenie – Bericht über den Fachkongreß 1986, Bundesverband Legasthenie e.V. (Hrsg.), Hannover 1987.

Soremba, E.-M., Legasthenie – Ein Schicksal? Nein: Früherkennung und Frühbehandlung ist notwendig! TW Pädiatrie 6, Leitartikel, 198f, 1993.

Specht, F., Psychopathologische Probleme im Schulalter. In: Schul-Arbeit-Belastung und Beanspruchung von Schülern, Westermann, Braunschweig 1982.

Speichert, H., Hausaufgaben sinnvoll machen. Reinbek, Rowohlt 1980.

Trappe, H., Lust am Lernen. Päd. extra & demokratische Erziehung. Pahl-Rugenstein-Verlag, Köln 7/8, 1989.

Valtin, R., Legasthenie – Empirische Untersuchungen zur Legasthenie. Schroedel, Hannover 1972.

Vellutino, F. R., Dyslexia: Theory and Research. The MIT Press. Cambridge 1982.

Vester, F., Denken, Lernen, Vergessen. Deutsche Verlags-Anstalt GmbH, Stuttgart 1975.

Warnke, A., „Hausaufgabenprobleme". Zeitschrift Klinische Psychologie Nr. 2, 256–294, 1978.

Warnecke, K., PC-Einsatz in der Schule. Softwareentwicklung für den PC als Arbeitsgerät für den Lehrer. GS-Schriften – Computer-Darstellung von Schriften für die Grundschule. In: Universität Osnabrück – Forschungsbericht 1991–1993, 418.

Warnke, A., Legasthenie und Hirnfunktionen zur visuellen Informationsverarbeitung. Verlag Huber, Bern 1990.

Weinschenk, C., Die erbliche Lese-Rechtschreibschwäche und ihre sozialpsychiatrischen Auswirkungen, Bern-Tokyo 1976.

Wittmann, B., Vom Sinn und Unsinn der Hausaufgaben. Darmstadt, Luchterhand 1977.

Zimmer, R., Clausmeyer, J., Voges, L., Tanz – Bewegung – Musik. Verlag Herder, Freiburg i.Br. 1992

Zimmermann, U., Rhythmisch-musikalische Basiserziehung bei Legasthenikern. In: Dummer, L., Legasthenie – Bericht über den Fachkongreß 1986, Bundesverband Legasthenie e.V. (Hrsg.) Hannover 1987.

## Verbände und Selbsthilfegruppen, die Rat und Hilfe vermitteln

Arbeitskreis „Überaktives Kind (AÜK)", Bundes-Beratungsstelle, Dietrichstr. 9. 30159 Hannover.

Aktion Humane Schule – Bundesverband, Eugen-Bolz-Str. 13, 73430 Aalen.

Fachverband für integrative Lerntherapie, Geschäftsstelle, Obere Str. 45, 72119 Ammerbuch 1 (Entringen).

Initiative zur Förderung rechenschwacher Kinder e.V. (IFRK), Farrenstr. 15, 70186 Stuttgart.

Bundesgemeinschaft der Eltern und Freunde hörgeschädigter Kinder e.V., Pirolkamp 18, 22397 Hamburg.

Deutscher Kinderschutzbund, Am Schiffgraben 29, 30159 Hannover.

Bundesverband Legasthenie e.V., Geschäftsstelle, Königstr. 32, 30175 Hannover.

Deutsche Gesellschaft „Für das Hochbegabte Kind e.V.", Sondershauser Str. 80, 12249 Berlin.